O RESGATE DE UMA ALMA

RICHARD SIMONETTI

O RESGATE DE
UMA ALMA

Ficha Catalográfica

S598r	Simonetti, Richard.

O resgate de uma alma / Richard Simonetti. -- Bauru, SP: CEAC, 2012.

168p.; 15x 23 cm

ISBN 978-85-86359-97-2

1. Espiritismo – romance espírita 2. Doutrina espírita- visão I. Titulo.

133.9

Coordenação Editorial
Renato Leandro de Oliveira

Revisores - Colaboradores
José Mauro Progiante
Evanilde Rossi Sandrão
Alvaro Pinto de Arruda

Capa
César França de Oliveira

Diagramação
Renato Leandro de Oliveira

4ª Edição – novembro de 2017
1.250 exemplares
18.001 a 19.250

Copyright 2017 by
Centro Espírita Amor e Caridade
Bauru SP

Edição e Distribuição

Rua 15 de Novembro, 8-55
Fone: 014 3227 0618
CEP 17015-041 – Bauru SP
www.ceac.org.br
www.editoraceac.com.br
editoraceac@ceac.org.br

Imaginamos erradamente que a ação dos Espíritos só deve manifestar-se por fenômenos extraordinários; desejaríamos que viessem em nosso auxílio por meio de milagres e sempre os representamos armados de uma varinha mágica. Mas assim não é, e eis por que a sua intervenção nos parece oculta, e o que se faz pelo seu concurso nos parece inteiramente natural.

Assim, por exemplo, eles provocarão o encontro de duas pessoas, o que parecerá dar-se por acaso; inspirarão a alguém o pensamento de passar por tal lugar; chamarão sua atenção para determinado ponto, se isso pode conduzir ao resultado que desejam; de tal maneira que o homem, não julgando seguir senão os seus próprios impulsos conserva sempre o seu livre-arbítrio.

Allan Kardec, em comentário à questão 525-a, de *O Livro dos Espíritos*

Prefácio

SEQUESTROS

Se alguém, caro leitor, é levado por sequestradores, os familiares entram em estado de choque, angustiam-se, organizam correntes de orações, mobilizam recursos, dispõem-se a pagar o que for exigido para libertá-lo.

Paradoxalmente, se ele é atacado por perseguidores invisíveis, que lhe sequestram a alma, induzindo-o a seguir por perigosos caminhos de vícios e desatinos, a reação é sempre de revolta e indignação, não contra os criminosos; volta-se a própria família contra o *sequestrado*, situando-o por irresponsável e desatinado.

Isto porque, de percepções limitadas pelo corpo físico, nossa visão espiritual é totalmente desfocada.

Vemos o que nos facultam os olhos do corpo, sem os visores da alma.

Não percebemos a sutil influência de Espíritos que exploram as fraquezas humanas para atender aos seus vícios e paixões, à distância do Bem e da Verdade.

O mesmo não acontece com os benfeitores espirituais, que enxergam a realidade e mobilizam recursos para libertar seus tutelados dos cruéis perseguidores.

Esta é a história de um resgate dessa natureza.

* * *

Certamente, leitor amigo, você identificará aqui algo semelhante a situações vivenciadas por pessoas de seu relacionamento, particularmente familiares.

Ficarei feliz se estas páginas o ajudarem a lidar com as vítimas dos *sequestros espirituais,* com o mesmo empenho e carinho dos benfeitores espirituais, inspirados em Jesus.

O Mestre legou-nos imorredouros exemplos de como podemos derrotar o mal com a força do Bem, que se exprime nas virtudes cristãs, notadamente a compreensão e a compaixão, conscientes de que aquele que se transvia nos caminhos da Vida é um doente da alma.

Como todo doente, carece de cuidados e medicamentos, não de julgamento.

Bauru, junho de 2012.

www.richardsimonetti.com.br
richardsimonetti@uol.com.br

Romance Espírita

Richard Simonetti

O RESGATE DE UMA ALMA

CEAC
EDITORA

Capítulo 1

As espessas sombras da região umbralina desapareceram por instantes, ante a passagem de radiante estrela que se aproximava da Terra.

Vários Espíritos, que desenvolviam abençoado trabalho num posto de socorro aos atribulados habitantes daquele pedaço de purgatório, ouviam a explicação de um mentor espiritual:

– É Angelina, nobre entidade feminina em jornada de auxílio ao seu filho Antônio Carlos, que está em situação complicada. Tomás de Aquino explicava em sua Súmula Teológica que as almas do paraíso contemplam as condenadas ao inferno eterno a fim de que se sintam ainda mais ditosas. O grande teólogo cristão foi um homem inteligente e virtuoso, mas teve seus deslizes, incapaz de superar as limitações de seu tempo, que favoreciam raciocínios dessa natureza. Jamais almas redimidas contemplariam o suposto inferno com esse propósito. A sua felicidade estaria em esvaziá-lo, colaborando pela redenção dos condenados, transferindo-os, sem demora, para o Céu.

– O que teoricamente seria impossível, conforme a teologia medieval bem sintetizada na advertência que Dante colocou na porta do inferno, em *A Divina Comédia: "Deixai toda a esperança, vós que entrai!"* – ponderou um dos aprendizes, iniciando oportuno diálogo entre ambos, sob a atenção dos demais.

– Dante transitou por regiões umbralinas durante as horas de sono. Seus registros no poema famoso aproximam-se da realidade espiritual, mas sofreram uma distorção inspirada nas suas convicções como católico. São conceitos que não podem ser levados a sério pelos sacerdotes de hoje, sob risco de estimularem o materialismo. Penas eternas pressupõem inconcebível fracasso de Deus. Além de não conseguir evitar que a alma fixe compulsória residência no inferno para sempre, revela-se incapaz de resgatá-la. E onde estaria a misericórdia divina, se assim fosse, incapaz de oferecer às almas condenadas a oportunidade de redimirem-se?

– O que pretende nossa irmã com esse mergulho nas sombras terrestres?

– A intenção é afastar o filho de uma situação comprometedora. Ele se deixou envolver por influências perniciosas e entrou por perigoso desvio, em relação aos seus compromissos espirituais.

— De que natureza?

— Vício, associado a alcoólatras desencarnados.

— Não há por perto gente com a possibilidade de ajudá-lo, sem impor a essa nobre figura materna o sacrifício de transitar na atmosfera densa do planeta, como alguém que mergulha em águas repletas de miasmas? Amigos, familiares, afetos caros ao seu coração, protetores espirituais?...

— Isso já foi tentado, sem nenhum resultado. Por isso Angelina decidiu, com o consentimento de seus superiores, aproximar-se dele, tendo em vista a afinidade que os une desde o passado remoto.

— E ainda há quem imagine que as mães podem ser felizes no Céu, à distância dos filhos nesse autêntico inferno sustentado pela perturbada mente humana.

— O homem terrestre não está habituado a raciocinar em termos de vida eterna. Por não superar as tendências egocêntricas que o orientam ou, mais exatamente, o desorientam, espanta-se quando alguém é capaz de renunciar a si mesmo para ajudar o próximo. E veja que há dois mil anos Jesus nos ensinou isso.

— Imagina-se que o grande sacrifício do Cristo tenha sido enfrentar a maldade humana...

— Ledo engano. O verdadeiro sacrifício foi revestir-se dos fluidos densos do planeta para encarnar e submeter-se às limitações da máquina física e à convivência difícil com o homem terrestre, orientado pelo egoísmo.

— Você acha que Angelina conseguirá seu intento?

— Vamos orar para que isso aconteça. Ele terá uma

grande motivação para mudar, em face de sua amorosa influência. Jesus a abençoe em seu nobre propósito.

Enquanto falavam, a estrela luminosa mergulhava na escuridão terrestre, em gloriosa missão salvacionista.

* * *

Lembro, caro leitor, um pensamento de Cairbar Schutel, o grande apóstolo do Espiritismo, em psicografia de Francisco Cândido Xavier:

A felicidade do Céu é socorrer a infelicidade da Terra.

A Doutrina Espírita oferece-nos sábia recíproca:

É socorrendo a infelicidade da Terra que estamos a caminho da felicidade do Céu.

Allan Kardec deixou isso bem claro ao desfraldar, como bandeira da Doutrina Espírita, a máxima:

Fora da caridade não há salvação.

Entendo que somos todos filhos de Deus, criados para a perfeição e lá chegaremos mais cedo ou mais tarde, quer queiramos ou não, porquanto essa é a Vontade Divina, que não falha jamais em seus objetivos. Nesse aspecto, ninguém precisa ser salvo, porquanto ninguém está perdido em irremissível desvio.

Deus nunca perde o contato conosco, mesmo quando nos afastamos dEle. Jamais estaremos *perdidos*, com a temível possibilidade de uma danação eterna, como pretendem as religiões tradicionais.

Kardec propõe a salvação pela caridade no sentido de nos livrarmos da infelicidade crônica, dos desajustes intermináveis, dos problemas frequentes que afligem aqueles que se fecham em si mesmos, adotando perturbador comportamento egocêntrico.

A caridade é o antídoto do egoísmo, estimulando-nos a sair de nós mesmos, a procura do próximo para encontrar Deus.

Capítulo 2

Era véspera de Natal.

Logo após o almoço, expediente curto, os funcionários da firma de advocacia, localizada em requintadas dependências, numa travessa da Avenida Paulista, em São Paulo, foram dispensados.

Na sala de reuniões, o tradicional *amigo secreto*, troca de presentes, celulares usados como máquinas fotográficas, a registrar o acontecimento na muda crônica das imagens.

Enquanto os colegas confraternizavam, Antônio Carlos atendia o celular.

– Oi, Toninho, é Estela.

– Oi... Algum problema?

– Não, tudo bem. Liguei para dizer que estou de saída. Vamos, Kátia e eu, para a casa de mamãe. Estaremos por lá, ajudando no preparo da ceia de Natal.

– Decidiu sem conversarmos? – respondeu ele, mal disfarçando a contrariedade.

– Você sabe que é tradicional em nossa família...

– Sim, mas lhe disse na semana passada que poderíamos fazer outro programa...

– Nenhum programa é melhor no Natal do que reunir a parentela.

– Não pretendo comparecer!

– Por quê? Você sempre participou. É uma reunião festiva, família reunida.

– A sua família...

– Eu e Kátia não constituímos sua família? Não são meus pais e irmãos uma extensão dela?

– Simplesmente não estou disposto...

– Pois saiba que disposição não me falta. Espero por você, se mudar de opinião.

– Ora, Estela, minha opinião não pesa nada?

– Ultimamente anda leve. Desculpe, mas estou de saída...

A voz era firme, porém não traía a tristeza que morava em sua alma.

Estela amava profundamente o marido e sofria com seu progressivo afastamento da família, após tantos anos de convivência feliz.

Antônio Carlos desligou o celular, mal contendo a irritação. Não contava com a intransigência da esposa.

Se não andasse tão comprometida sua capacidade

de avaliação, haveria de concordar com ela.

Estela sabia o motivo de sua recusa e aborrecia-se.

É que Neusa, a matriarca da família, sua sogra, não admitia bebidas alcoólicas em seu lar.

Inadmissível para ele, cuja vida familiar conturbara-se nos últimos meses, à medida que avançara no consumo de vodca.

Em princípio, nos finais de semana; depois, ao meio delas, finalmente, uma rotina diária.

O pior: ficava no bar com colegas, retardando o retorno ao lar, comportamento inconveniente daqueles que começam a perder o controle, sob a ação do álcool, como se desligassem o *desconfiômetro*.

Estela sofria, reclamava de seus excessos; chegou a falar em divórcio, tentando induzi-lo a mudar o comportamento inconveniente.

Queria seu marido de volta, não aquele *sósia* inquieto e displicente que tomara seu lugar, alheio à comunhão afetiva, aos compromissos domésticos.

Como todo viciado, ele não se dava conta do abismo em que estava afundando, consumindo cada vez mais a bebida, satisfação cada vez menor, consequências sempre devastadoras em seu ânimo, em sua saúde, em seu relacionamento doméstico.

Tivesse o dom da vidência mediúnica e haveria de ficar horrorizado com o cerco de Espíritos em estado lamentável de desequilíbrio, que sustentavam seu vício para que ele atendesse ao vício deles.

Esse é um detalhe importante.

Aprendemos com a Doutrina Espírita que o vício

não condiciona apenas o corpo, mas também o perispírito, o corpo espiritual.

Assim, aqueles que se comprometem com as drogas, o álcool, o fumo, serão, inevitavelmente, viciados no Além.

Ocorre que no mundo espiritual não há elementos químicos que possam saciá-los.

Por isso aproximam-se de viciados da Terra, imantando-se a eles, a fim de que, por associação psíquica, possam satisfazer-se.

É uma espécie de autoafirmação às avessas.

Ao invés de o médium captar os pensamentos de um Espírito comunicante, é este que capta as sensações do improvisado medianeiro – o viciado.

No livro *Sexo e Destino*, psicografia de Francisco Cândido Xavier, o Espírito André Luiz reporta-se ao assunto, falando de dois desencarnados indolentes, aboletados num lar desprovido das defesas da virtude e da oração.

Transcrevo para sua apreciação, leitor amigo, alguns detalhes dessa insólita associação.

Um dos Espíritos aproximou-se de Cláudio, o dono da casa que lia um jornal, e gritou:

– Beber, meu caro, quero beber!

O assessor inconveniente repetiu a solicitação, algumas vezes, na atitude do hipnotizador que insufla o próprio desejo, reasseverando uma ordem.

O resultado não se fez demorar.

Vimos o paciente desviar-se do artigo político em que

O RESGATE DE UMA ALMA

se entranhava. Ele próprio não explicaria o súbito desinteresse de que se notava acometido pelo editorial que lhe apresara a atenção. Beber! Beber!...

Cláudio abrigou a sugestão, convicto de que se inclinava para um trago de uísque exclusivamente por si.

O pensamento se lhe transmudou, rápido, como a usina cuja corrente se desloca de uma direção para outra, por efeito da nova tomada de força.

Beber, beber!... e a sede de aguardente se lhe articulou na ideia, ganhando forma. A mucosa pituitária se lhe aguçou, como que mais fortemente impregnada do cheiro acre que vagueava no ar.

O assistente malicioso coçou-lhe brandamente os gorgomilos. Cláudio sentiu-se apoquentado. Indefinível secura constringia-lhe a laringe. Ansiava tranquilizar-se.

O amigo sagaz percebeu-lhe a adesão tácita e colou-se a ele. De começo, a carícia leve; depois da carícia agasalhada, o abraço envolvente; e depois do abraço de profundidade, a associação recíproca.

Integraram-se ambos em exótico sucesso de enxertia fluídica.

André comenta a insólita associação:

Em várias ocasiões, estudara a passagem do Espírito exonerado do envoltório carnal pela matéria espessa.

Eu mesmo, quando me afazia, de novo, ao clima da Espiritualidade, após a desencarnação última, analisava impressões ao transpor, maquinalmente, obstáculos e barreiras terrestres, recolhendo, nos exercícios feitos, a sensação de quem rompe nuvens de gases condensados.

Ali, no entanto, produzia-se algo semelhante ao encaixe perfeito.

Cláudio-homem absorvia o desencarnado, à guisa de sapato que se ajusta ao pé.

Fundiram-se os dois, como se morassem eventualmente num só corpo. Altura idêntica. Volume igual. Movimentos sincrônicos. Identificação positiva.

Levantaram-se a um tempo e giraram integralmente incorporados um ao outro, na área estreita, arrebatando o delgado frasco.

Não conseguiria especificar, de minha parte, a quem atribuir o impulso inicial de semelhante gesto, se a Cláudio, que admitia a instigação, ou se ao obsessor que a propunha.

A talagada rolou através da garganta, que se exprimia por dualidade singular.

Ambos os dipsômanos estalaram a língua de prazer, em ação simultânea.

Desmanchou-se a parelha e Cláudio, desembaraçado, se dispunha a sentar, quando o outro colega, que se mantinha a distância, investiu sobre ele e protestou: "eu também, eu também quero!"

Reavivou-se-lhe no ânimo a sugestão que esmorecia...

Absolutamente passivo diante da incitação que o assaltava, reconstituiu, mecanicamente, a impressão de insaciedade.

Bastou isso e o vampiro, sorridente, apossou-se dele, repetindo-se o fenômeno da conjugação completa.

Encarnado e desencarnado a se justaporem. Duas peças conscientes, reunidas em sistema irrepreensível de compensação mútua.

Abeirei-me de Cláudio para avaliar, com imparcialidade, até onde sofreria ele, mentalmente, aquele processo de fusão.

Para logo convenci-me de que continuava livre, no íntimo. Não experimentava qualquer espécie de tortura, a fim de render-se.

Hospedava o outro, simplesmente, aceitava-lhe a direção, entregava-se por deliberação própria. Nenhuma simbiose em que se destacasse por vítima. Associação implícita, mistura natural.

Efetuava-se a ocorrência na base da percussão. Apelo e resposta. Cordas afinadas no mesmo tom. O desencarnado alvitrava, o encarnado aplaudia. Num deles, o pedido; no outro, a concessão.

Condescendendo em ilaquear os próprios sentidos, Cláudio acreditou-se insatisfeito e retrocedeu, sorvendo mais um gole.

Não me furtei à conta curiosa.

Dois goles para três.

Novamente desimpedido, o dono da casa estirou-se no divã e retomou o jornal.

Atendendo às dúvidas de Neves, um membro do grupo de auxílio espiritual que apreciava a cena, diz Felix, o mentor:

— Ora, Neves, você precisa compreender que nos achamos à frente de pessoas bastante livres para decidir e suficientemente lúcidas para raciocinar. No corpo físico ou agindo fora do corpo físico, o Espírito é senhor da

constituição de seus atributos. Responsabilidade não é título variável. Tanto vale numa esfera, quanto em outras. Cláudio e os companheiros, na cena que acompanhamos, são três consciências na mesma faixa de escolha e manifestações consequentes. Todos somos livres para sugerir ou assimilar isso ou aquilo. Se você fosse instado a compartilhar um roubo, decerto recusaria. E, na hipótese de abraçar a calamidade, em são juízo, não conseguiria desculpar-se.

A lição oferecida por André Luiz é complexa, mas deve merecer nossa atenção.

Processos de influência espiritual não são unilaterais. Ninguém é constrangido a beber, a roubar, a matar, a desenvolver atitudes antissociais ou comprometer-se no roubo ou na intriga.

As pessoas simplesmente rendem-se às sugestões das sombras.

Oportuno lembrar a questão 467, de *O Livro dos Espíritos:*

Pergunta Kardec:
Pode o homem eximir-se da influência dos Espíritos que procuram arrastá-lo ao mal?

Resposta do mentor:
Pode, visto que tais Espíritos só se apegam aos que, pelos seus desejos, os chamam, ou aos que, pelos seus pensamentos, os atraem.

Portanto, leitor amigo, se nos comprometermos

em algo que contraria os ditames da razão, do bom senso, jamais digamos:

– Espíritos inferiores obrigaram-me a fazer o que não queria.

Mais exato afirmar:

– Espíritos inferiores ajudaram-me a concretizar meus desejos.

Algo semelhante ocorre nos lares em conturbação.

Dizem as pessoas:

– O ambiente está péssimo, porquanto nosso lar foi invadido por Espíritos perturbados e perturbadores.

Mais exato dizer:

– Nosso lar foi invadido por Espíritos perturbados e perturbadores porque o ambiente está péssimo.

Capítulo 3

Frequentemente recebo perguntas sobre a influência de Espíritos perturbadores nos lares.

Transcrevo algumas para sua reflexão, amigo leitor:

Se o marido é um pilantra, mulherengo, viciado, mentiroso, sempre acompanhado por um cortejo de obsessores, e a esposa é uma mulher virtuosa, que cultiva a oração, o lar estará sujeito à presença dos malfeitores do Além?

Segundo informam os mentores espirituais, a resposta é negativa.

Não seria justo a esposa ficar à mercê desses

Espíritos no ambiente doméstico, por culpa das patifarias do marido.

Quando ele entra, os obsessores ficam do lado de fora, lar protegido.

Diga-se de passagem: a oração contrita de quem está empenhado em cultivar existência digna e decente erige *muralhas vibratórias* intransponíveis para os malfeitores desencarnados que convivem com os homens.

– Quando tomo banho, posso estar sendo observado por algum "voyeur" desencarnado?

Aqui o princípio é o mesmo.

O lar estará isento dos bisbilhoteiros do Além, desde que as portas estejam cerradas pelo comportamento disciplinado e virtuoso da família.

Se desejamos a intimidade preservada, é imperioso que preservemos o lar da indisciplina em pensamentos, palavras, ações, vícios, gritos, palavrões...

– É possível o Centro Espírita fazer algo por um viciado no álcool ou nas drogas, que tantos males produzem, que tantas vidas destroem?

Resposta afirmativa, desde que o interessado deseje, do fundo de sua alma, recuperar-se.

Passes, água magnetizada, desobsessão, afastamento de viciados do Além são recursos que podem ser mobilizados em benefício do paciente.

Mas se ele não estiver realmente disposto a mudar, perderemos nosso tempo, o mesmo ocorrendo em relação aos recursos da Medicina em seu favor.

O alcoólatra submete-se à desintoxicação; permanece semanas no hospital. Ao receber alta, logo no primeiro bar há o convite de seus parceiros invisíveis, e começa tudo de novo.

Faltou-lhe o legítimo desejo de mudar.

* * *

Um amigo conversa assim com viciados:

– Você acredita em Deus?

– Sim.

– Mentira! Se acreditasse não estaria nessa situação miserável. Não cultivaria o vício, que está em desacordo com as leis divinas, a comprometer o corpo, essa máquina perfeita que Deus nos concede por empréstimo.

– Juro que acredito!

– Mentira! Se acreditasse teria a força para reagir e mudar o rumo de sua vida.

E completa, incisivo, perguntando:

– Quem é mais poderoso, o vício ou Deus?

– Deus.

– Você está mentindo novamente! Fala da boca para fora! Não acredita realmente. Quem acredita, tem em Deus o alento necessário para superar os problemas de comportamento, para mudar de vida! Quem acredita em Deus não se deixa dominar pelo vício.

Ocorre que, ante os desafios da existência, manifesta-se a fragilidade de nossa crença.

Rosa perfumada que aspiramos no jardim da bonança, logo definha quando surgem espinhos da adversidade.

Deus é a consciência cósmica do Universo, *a inteligência suprema, causa primária de todas as coisas,* como define *O Livro dos Espíritos.*

Está em todos os mundos e em todos os seres.

O problema é sentir Sua presença.

Rubens Romanelli, grande pensador espírita, exprime bem essa dificuldade num poema famoso que transcrevo, para sua edificação, amigo leitor:

Senhor,
Inundas-me no esplendor de tua luz,
E, contudo, cego, não Te vejo.

Falas-me na eloquência de Teu verbo
E, no entanto, surdo, não Te ouço.

Abrasas-me na ardência de Teu amor
E, todavia, insensível, não Te sinto.

Oh! Estranha contradição!
Tu, bem perto de mim,
E eu, tão longe de Ti!

Desvela-me, Senhor, os olhos, cegos de orgulho;
Abre-me os ouvidos, surdos de vaidade,

E sensibiliza-me o coração, duro de maldade,
Para que eu descubra tua divina presença
Na intimidade de meu ser!

Recordo um diretor de entidade espírita que no passado foi alcoólatra inveterado.

Em momentos de crise chegava a consumir três garrafas de pinga num dia.

Um prodígio de resistência.

Só não morreu porque seus *parceiros invisíveis* empenhavam-se em mantê-lo vivo, a fim de não perderem a sua *caneca* para as libações alcoólicas.

Chegado ao *fundo do poço,* reconhecendo que era preciso mudar, orava contrito, de joelhos, um apelo desesperado que vinha de suas entranhas:

– Meu Deus! Estou em desgraça, perdendo meus bens, meu emprego, minha família... Suplico-lhe, Senhor, ajuda-me a vencer esse vício maldito! Não quero, não posso continuar assim!

Sabe o que aconteceu, meu querido leitor?

Ele venceu o vício, tornando-se um cidadão exemplar, um espírita participante.

Deus sempre nos tira do atoleiro, quando lhe estendemos as mãos, confiantes, sem vacilo, em Sua Providência.

Essa é a fórmula para vencer qualquer vício: estar consciente de que é preciso confiar em nosso Pai Celeste.

E confiar também em nós mesmos, obviamente, com a consciência de que, como dizia o apóstolo Paulo, *se Deus estiver conosco, quem estará contra nós?*

Ambiente convidativo, tendências inferiores, Espíritos obsessores, nada impedirá que superemos o vício, se guardarmos a consciência de que com Deus venceremos.

Capítulo 4

A personalidade humana, sem dúvida, é um universo de mistérios e contradições.

Antônio Carlos situava-se por típico exemplo.

Era um homem inteligente, eficiente no seu trabalho, honesto, digno, cumpridor de seus deveres.

Amava extremadamente Estela e Kátia, as pessoas mais importantes de sua vida.

Tinha tudo para viver tranquilo e feliz.

Para sua desdita, não conseguiu furtar-se àquelas tentações que surgem a partir da ação dos falsos amigos que, dóceis à ação de obsessores, conduzem os incautos a perigosos desvios.

Cássio e Maurício, colegas de Antônio Carlos,

foram instrumentos para iniciá-lo nas libações alcoólicas.

Insistiam para que os acompanhasse na *passadinha* pelo bar, após o expediente.

O que era apenas uma descontração tornou-se hábito, resvalando perigosamente para a viciação.

Embora os problemas que lhe causava aquele alcoolismo de final de expediente, Antônio Carlos já não resistia aos convites dos *amigos* encarnados e dos *parceiros* desencarnados.

Homens do mundo, envolvidos pelos prazeres da bebida e as aventuras do sexo, Cássio e Maurício convidavam Antônio Carlos para um *programa* com belas garotas que exercitavam a mais antiga das profissões.

Ele resistia, explicando que amava sua esposa e que jamais lhe faria a desfeita de uma traição.

Ambos passaram a ver em sua atitude um desafio, dispostos a vencer aquela fortaleza, simplesmente pelo prazer de vê-lo render-se aos encantos de uma *femme fatale*.

Uma das sessões mais famosas da extinta revista *O Cruzeiro* era *O amigo da onça,* que cultivava um humor negro, do tipo *fiquei feliz com sua desgraça.*

Cássio e Maurício eram típicos *amigos da onça*, o felino que bem poderíamos situar como representantes de *feras do Além,* Espíritos dispostos a atacar os incautos com as artimanhas do vício e da perturbação a partir de instrumentos dóceis à sua influência.

Na crônica dramática e infeliz dos que enveredam pelos caminhos tortuosos do vício e do desatino, há, invariavelmente, a ação dos *amigos da onça*, entre familiares, amigos, colegas de trabalho, de escola, de atividades sociais.

Diz-me com quem andas e te direi quem és, enfatiza antigo provérbio.

Podemos acrescentar: *e também o que fazes.*

* * *

Os dois *amigos* de Antônio Carlos contrataram Sara, linda *garota de programa* para que se insinuasse a ele no bar que costumavam frequentar.

Era algo que ela fazia muito bem, hábil em explorar a vocação masculina para o sexo promíscuo.

Deixaram o escritório por volta das quatorze horas, e dirigiram-se ao *templo do álcool,* unindo-se a outros frequentadores em confraternização.

Lamentável celebração natalina, em que se prestava homenagem não a Jesus, o mensageiro divino, mas a Baco, o deus do vinho e da folia na mitologia romana.

Buscava-se não a comunhão com o Céu, nos domínios do sentimento, mas a comunhão com a Terra, nos domínios das sensações, em companhia dos beberrões do Além.

Por volta das dezesseis horas, entrou Sara, roupa justa, forma escultural, longa cabelereira loira, exuberante em sua beleza, a tentação em forma de mulher.

Fingindo tratar-se de encontro casual, Cássio logo a convidou à mesa.

Apresentada a Antônio Carlos, sentou-se ao seu

lado, depois de meloso beijo em sua face.

Como que hipnotizado com a beleza insinuante daquela jovem e seu delicioso perfume, Antônio Carlos deixava-se seduzir.

— Vem sempre aqui? — sussurrou ela em seus ouvidos.

— Sim, costumamos nos reunir ao final do expediente.

— Eu também sempre estou por aqui, mas nunca tive o prazer de vê-lo. Se visse, logo notaria. Você é um belo exemplar de masculinidade.

— O mesmo eu diria a seu respeito. Impossível não notar sua presença.

— O Natal tem dessas coisas. Às vezes nos reserva agradáveis surpresas... Qualquer mulher adoraria estar ao seu lado, comemorando...

— Nem tanto, não sou uma companhia agradável, capaz de sustentar conversa interessante...

— Às vezes, Antônio Carlos, quanto menos conversa melhor...

Lascivamente, Sara tomou-lhe as mãos entre as suas.

— Nunca vi mãos tão suaves e belas. Estou me apaixonando por elas. Imagino como será agradável receber seus carinhos.

A tentação era grande.

Antônio Carlos tremia, lutando por conter a excitação.

Cássio e Maurício sorriam, perversos.

A resistência dele estava por um fio.

Os *amigos* desencarnados de Antônio Carlos exultavam.

Quanto maior seu comprometimento com desvios de conduta, mais fácil manter domínio sobre ele.

Súbito, para surpresa daquela turba de alcoólatras desencarnados, o ambiente foi tomado por intensa luminosidade, como se um farol gigantesco ali projetasse sua luz.

Aos poucos, a luz corporificou-se e surgiu a figura radiosa de uma mulher.

Era Angelina que vinha em socorro do filho amado.

Apavoradas, as entidades malévolas fugiram.

Angelina colocou a destra sobre a fronte de Antônio Carlos que, sob sua suave influência, fechou os olhos.

Sara apertou mais forte suas mãos, mas ele a afastou.

— Desculpe! — justificou, constrangido. — Não estou me sentindo bem.

— Posso fazer algo por você? Vamos sair? Tenho um lugar aconchegante...

— Não, obrigado. Apenas quero ficar em silêncio por instantes...

Sem saber explicar por que, Antônio Carlos lembrou-se de sua amada genitora.

Saudade imensa tomou conta dele.

Ao influxo do pensamento vigoroso de Angelina, relembrou o passado.

Não conhecera o pai, que falecera logo após seu

nascimento. Filho único, Angelina fora seu anjo protetor, sempre lutando com dificuldades e exemplificando para o filho o Bem e a Verdade, com um comportamento típico dos Espíritos superiores em trânsito pela Terra.

Graças a ela, sua firmeza, seus sacrifícios, formara-se advogado.

Ele iniciava uma carreira, que se afigurava brilhante, face à sua competência.

Ela terminava a existência, vitimada por um tumor maligno.

Internada no hospital, em plena véspera do Natal, conversava com o filho e Estela, já sua noiva.

– Meu filho – disse emocionada, contendo as lágrimas –, sei que este será nosso último Natal juntos...

– Ora, mamãe – cortou ele, angustiado – logo a senhora, que é tão otimista, falando em morte! O tratamento está surtindo efeito. A senhora vai vencer essa, e logo estará em casa.

– Não filho, não retornarei ao nosso lar. Na noite passada fui visitada por seu pai. Avisou-me que virá buscar-me em breve.

Antônio Carlos chorava, emoção incontida. Não podia imaginar-se sem sua mãezinha adorada.

Não obstante a dificuldade para articular palavras, em face do depauperamento físico, continuou:

– Não fique triste. Depois de certa idade, com os estragos feitos pela doença, a morte é uma libertação. Sei agora, mais do que nunca, que ela não existe. Apenas nos faculta um retorno à vida espiritual. Fique tranquilo, eu me juntarei ao seu pai e haveremos de velar por seu bem-estar...

Sufocado pelas lágrimas, Antônio Carlos não conseguia falar...

– Além do mais – continuou Angelina – você não ficará sozinho. Deus, em sua infinita bondade, providenciou um anjo, a nossa Estela, que me substituirá junto ao seu coração. Será seu porto seguro...

A jovem, que tinha na futura sogra uma segunda mãe, contestou, veemente.

– Não diga isso, dona Angelina. Jamais terei competência para cuidar de Antônio Carlos como a senhora. Por favor, não nos deixe...

– Nunca deixarei vocês, meus filhos. Apenas vou me tornar invisível, mas estarei sempre por perto, colaborando em seus labores.

– Descanse mamãe, a senhora não está em condições de falar.

– Terei muito tempo para descansar, meu filho. Quero que guardem bem o que vou lhes dizer: em todos os Natais estarei comemorando com vocês. Lembrem-se disso, meus queridos. E não esqueçam de que a melhor comemoração é nossa comunhão com Jesus, fazendo do Natal nossa inspiração para uma vida sempre renovada. Não permitam que os enganos do mundo neutralizem sua sensibilidade para ouvir os sinos de Belém.

As lembranças que surgiam vigorosas e rápidas em sua mente deixaram Antônio Carlos profundamente envergonhado.

Sentia-se mal, um miserável!

Imaginou a mãezinha inesquecível a cumprir sua promessa, aproximando-se naquele dia sagrado para abraçá-lo, bem junto ao coração.

Que decepção estaria experimentando ao vê-lo num bar, comemorando o Natal com álcool, consciência anestesiada pela bebida, na iminência de cometer adultério.

Insuperável angústia tomou seu coração, uma tristeza infinita que nem mesmo a mais generosa dose de vodca abrandava.

– Oh! Meu Deus! – clamava intimamente – o que estou fazendo de minha vida? Mamãe, por favor, de onde a senhora estiver, ajude-me! Minha existência virou um caos. Não sei o que fazer!

Contrariando os amigos e Sara, que tentava enlaçá-lo, deixou apressado o bar, pedindo:

– Desculpem, desculpem! Preciso sair! Preciso ficar sozinho!

* * *

Antônio Carlos transitou, perturbado e infeliz, pelas ruas congestionadas de veículos e gente, na intensa movimentação natalina do pessoal que deixa a compra dos presentes para a última hora.

Não entendia como chegara a tal situação.

Amava a esposa e a filha, tinha sucesso na profissão de advogado, gostava de seu trabalho, relacionava-se bem com as pessoas...

Não havia nada que justificasse a conturbação que morava em sua mente.

Como acontece com tanta gente, era o descompasso da Vida que o afligia, algo semelhante ao músico desafinado, que não consegue acertar o tom.

Ao reencarnar, trazemos uma *partitura* para o concerto da existência, relacionada com família, profissão, vida social...

É a *nossa música*, a música de nossa vida.

O problema é que as pessoas querem *tocar de ouvido*, ao sabor das circunstâncias, desafinando sempre, sem observar a *pauta*.

A infelicidade, a perturbação, a insegurança, a inquietação, são *sons desafinados* no *concerto* da existência.

Falta o empenho de reflexão, um permanente examinar da *partitura*, a avaliar o nosso comportamento, os nossos desejos, a nossa maneira de viver, exercitando reflexão, a fim de evitar ou superar a *desafinação*.

Infelizmente, as pessoas nem mesmo sabem que há uma *partitura*, que há compromissos a serem cumpridos, ideais a serem realizados, tarefas a serem executadas, acertos a serem efetuados... A sua *música!*

Vasta parcela da Humanidade vive assim, leitor amigo.

O homem é um ser adormecido, embalado pelo imediatismo terrestre, sem mesmo interessar-se em saber de onde veio, o que faz aqui, para onde vai...

Envolvem-se as pessoas com seus negócios, paixões e prazeres, sem parar para pensar que há uma finalidade para a existência humana.

Depois dos verdes anos, as pessoas simplesmente acomodam-se às próprias limitações. Desistem de aprender, de aprimorar-se, deixam de lutar contra suas fraquezas.

Sabiamente, Deus programou a existência física para um período de oitenta a cem anos, conforme a estrutura biológica do ser humano, porquanto, em situação de acomodamento, estaríamos estacionários por séculos e milênios.

A morte é um tremendo *choque de despertamento*, oferecendo ao Espírito uma tomada de consciência em favor da própria renovação.

Capítulo 5

Antônio Carlos entrou em outro bar, tomou mais uma dose de vodca e voltou a caminhar.

Compleição robusta, habituado aos exercícios físicos, sustentava a sobriedade, embora o elevado teor de álcool a circular por suas veias.

Caminhava sem rumo, acabrunhado, perdido em suas cogitações íntimas.

Por volta das dezessete horas, passou por um Centro Espírita, que recebia muitas pessoas para uma reunião especial, em comemoração ao nascimento de Jesus.

Frequentara durante algum tempo, à noite, aquela respeitável instituição.

Não raro, Estela o acompanhava.

Havia bons expositores, palestras interessantes e esclarecedoras.

Há meses deixara de comparecer às reuniões, desde que se habituara a *bater ponto* no bar, após o expediente.

Jamais poderia imaginar que fora guiado por sua mãe até ali.

Abraçando-o carinhosamente, Angelina o estimulou a entrar.

Ele vacilou por instantes, mas acabou rendendo-se ao doce envolvimento materno.

Sentou-se numa das últimas fileiras.

Foi visto por Aurélio, um dos diretores da instituição, que veio abraçá-lo.

– Fico feliz em revê-lo, Antônio Carlos. Anda sumido. Há meses não nos dá o prazer de sua presença.

-- É verdade, Aurélio. Tenho andado atarefado.

– Tempo é uma questão de preferência, meu amigo. E o tempo dedicado aos assuntos espirituais deve ser sagrado para nós. É o que nos sustenta a coragem de viver e enfrentar os desafios da existência de forma tranquila. Às vezes deixamos de comparecer porque temos muitos problemas, sem perceber que teríamos bem menos problemas se comparecêssemos.

– Você tem razão. Falha minha. Ando distraído dessa necessidade.

Observando a expressão sombria e triste de Antônio Carlos, Aurélio comentou:

– Perdoe-me a intromissão, mas parece-me que você não está bem espiritualmente. Gostaria de uma entrevista com nossos atendentes? Depois o passe...

– Não, não é preciso. – respondeu Antônio Carlos, constrangido – Estou bem, apenas um pouco cansado.

– Não estar bem hoje, em plena véspera de Natal, é um pecado. É dia de festa, de ficarmos felizes com Jesus, que nos trouxe uma gloriosa mensagem de renovação, meu amigo.

Antônio Carlos concordou.

– Tem razão. Mamãe sempre dizia que devemos deixar repercutir na acústica de nossa alma os sinos de Belém, como um amoroso convite de Deus para buscarmos os valores espirituais, favorecendo uma existência feliz e produtiva.

– Vejo que você esteve aos cuidados de um Espírito iluminado. É um privilégio!

Antônio Carlos esboçou um sorriso, concordando.

– Tem razão. Mamãe era alguém especial. Pena que nem sempre tenho observado suas recomendações.

– Bem, sempre é tempo de começar. O Natal simboliza o renascimento da esperança, a iluminar nossas almas, dando-nos o alento de que carecemos.

Despedindo-se, Aurélio o abraçou.

– Feliz Natal, meu amigo! Bom proveito na reunião.

Antônio Carlos agradeceu e silenciou, imerso em seus pensamentos, com a forte lembrança da mãezinha querida, sem perceber que ela estava ao lado, na ação decisiva em favor de sua renovação.

A reunião estava começando.

Américo, simpático e sorridente dirigente da

reunião, preparara um tema natalino para a abertura, mas, desde que despertara naquele dia, outras ideias martelavam sua mente.

Angelina conversara com ele durante as horas de sono, procurando sedimentar em sua mente o que deveria dizer, em comentários de caráter geral, mas especificamente direcionados a seu filho.

Você ficaria espantado, leitor amigo, se soubesse quantas vezes isso tem acontecido em suas experiências nos domínios do Além, por onde transitamos todas as noites, enquanto nosso corpo repousa.

Já ouviu a frase *consultar o travesseiro?*

Nuvens escuras de desalento, dúvidas e perturbação, formadas por problemas, dificuldades, dissabores, parecem dissolver-se, não raro, nos braços de Morfeu, o deus do sono na mitologia grega.

É que durante o repouso físico afastamo-nos do corpo, na chamada *emancipação da alma*, a que se refere Allan Kardec, e somos amparados, orientados e medicados por amigos e protetores espirituais.

* * *

Um homem estava às voltas com a conturbação de um divórcio litigioso.

Desavenças, brigas, discussões com a esposa atingiram tal intensidade que a situação começou a ameaçar a estabilidade física e psíquica do casal.

Pior para os filhos, as grandes vítimas dessas uniões desajustadas e instáveis.

A separação era o mal menor, mas o patrimônio era grande, gerando tensão de ambas as partes, principalmente no marido. Estava na iminência de um colapso.

Ele insistia que todos os bens da família eram fruto de seu trabalho e que não estava disposto a atender às pretensões da esposa.

Certa noite, amparado por mentores espirituais, foi levado a uma região do mundo espiritual onde, para imensa surpresa, encontrou sua avó, com quem convivera na infância, guardando dela as melhores recordações.

Era uma velhinha adorável.

Após abraçá-lo carinhosamente, disse-lhe:

— Estou acompanhando seus desentendimentos com a esposa, meu querido.

— Então a senhora sabe das dificuldades que estou enfrentando. A convivência entre nós ficou impossível.

— Concordo. Não vou lhe pedir que reconsidere e volte ao lar, porquanto vocês chegaram a extremos de desentendimento. É uma pena, mas é o mal menor. O problema, no momento, é esse divórcio litigioso, essa briga pelo patrimônio. Lembre-se do velho ditado: *Melhor um mau acordo do que uma boa demanda.*

— Mas, vovó, é tudo fruto do meu trabalho, do meu suor! Não é justo dividir com minha mulher.

— Esse *tudo* não é nada na pátria espiritual. Ficará na Terra quando desencarnar. Para cá, meu querido, você não trará um mísero alfinete. Na rigorosa alfândega do Além só não serão confiscadas as boas ações. Que bem você está oferecendo aos seus filhos, a disputar com a mãe deles na justiça uma parcela maior de um patrimônio efêmero?

Que exemplo ambos estão dando? De que devem brigar com gente do próprio sangue, por dinheiro?

Durante horas a velhinha conversou com o neto, mudando suas disposições de tal forma que, ao despertar, ele telefonou para o advogado pedindo para entrar em acordo com a esposa, desistindo do divórcio litigioso. Atenderia às suas reivindicações.

Mas também pode acontecer o contrário: acordarmos deprimidos, angustiados, doentes, quando somos abordados por Espíritos obsessores, que aproveitam esse trânsito pelo Além para nos sugestionar e perseguir.

Geralmente imaginamos o obsessor como um Espírito *colado em nosso cangote*, a impor-nos sentimentos negativos ou ideias infelizes.

A não ser na subjugação, em que há intenso domínio do Espírito sobre o obsidiado, é difícil isso acontecer.

Na chamada *obsessão simples,* a mais comum, em que o Espírito pretende bombardear o obsidiado com ideias infelizes, fica mais fácil envolvê-lo durante as horas de sono, submetendo-o a condicionamentos baseados em sugestões hipnóticas.

Há obsidiados que não conseguem evitar o sono sempre que abrem um livro espírita ou comparecem a uma reunião pública de Espiritismo.

Durante o trânsito pela espiritualidade são sugestionados pelos obsessores para que isso aconteça.

Essas sugestões pós-hipnóticas não são definitivas. Devem ser realimentadas.

Por isso a solução é o obsidiado insistir nos

propósitos de frequentar um Centro Espírita e estudar a Doutrina, buscando uma compreensão melhor da existência.

E ore muito! Ore com fervor, buscando ligar-se aos benfeitores espirituais, libertando-se dos condicionamentos negativos.

* * *

Perguntará você, amigo leitor:

Como saber se somos bem ou mal influenciados durante o sono?

É fácil. Basta analisar como acordamos todas as manhãs.

Felizes, descansados, tranquilos, em paz com a existência?

Ótimo! Estivemos em boa companhia, fomos bem influenciados.

Acordamos nervosos, infelizes, *chutando lata* logo cedo, irritados com os familiares, *brigados com a Humanidade?*

Cuidado! Estivemos com *amigos da onça*, sendo mal influenciados.

Noutro dia perguntaram-me como devemos nos preparar para garantir boas companhias no país dos sonhos.

É o mesmo cuidado que devemos ter em relação à transferência definitiva para o Além, quando chegar o momento de partir: viver cada dia como se fosse o derradeiro no educandário terrestre.

O que você faria, leitor amigo, se lhe dissessem que você *baterá as botas em breve*?

Se é espiritualista, se acredita que estamos aqui de passagem e que a vida verdadeira está no mundo espiritual, certamente não pensará em usar todo o limite do cartão de crédito, nem nos desaforos reprimidos que dirá ao chefe da empresa onde trabalha, nem cogitará de lauta refeição ou em dar expansão a fantasias passionais...

Prudente, buscará exercitar o Evangelho, lisura nos negócios, respeito pelo próximo, convivência tranquila com as pessoas, particularmente no grupo familiar, empenho em praticar o Bem e cultivar a oração...

Enfim, exercitará com muito empenho um comportamento que lhe garanta pelo menos uma *lanterna* para iluminar os caminhos do umbral, o purgatório espírita a que se refere André Luiz, na série *Nosso Lar*.

Ainda que *iluminando* precariamente o caminho, estará habilitado a buscar paragens mais amenas.

Costuma-se dizer que a morte é como um ladrão: ninguém sabe quando virá.

É de bom alvitre, portanto, que vivamos cada dia como se fosse o último, fazendo o melhor.

Assim, no afastamento transitório, durante o sono, ou definitivo, quando chegar nossa hora, estaremos preparados, evitando surpresas desagradáveis.

Capítulo 6

Com o propósito de reforçar os conceitos que lhe passara no encontro espiritual, Angelina tocou a cabeça de Américo, favorecendo-lhe o raciocínio e a clareza de ideias.

Sob sua influência, o dedicado expositor falou com desenvoltura:

– Meus irmãos, a paz de Jesus, o Mestre supremo, esteja em nossos corações.

Sem dúvida, vinte e cinco de dezembro é a data mais significativa de nosso calendário, quando comemoramos o nascimento de nosso amado Mestre Jesus.

O Natal é marcado por episódios simbólicos e ensinamentos sublimes que devem merecer nossa reflexão, como valiosos roteiros de vida.

Dentre eles a anunciação do anjo Gabriel a Maria.

Diante dela, procurando tranquilizá-la em face daquela inusitada aparição, informou-a de que seria mãe de um mensageiro divino.

Imaginemos uma jovem de perto de dezesseis anos, ante tão inusitada revelação...

Qual seria sua reação?

Provavelmente questionaria, pediria garantias, vantagens... Ou alegaria impedimentos!

Maria não fez nada disso. Simplesmente ajoelhou-se e proclamou, com a humildade que a caracterizava:

– Senhor, eis aqui tua serva. Cumpra-se em mim segundo a tua palavra!

Nossa vida seria mais tranquila e feliz se, em todas as situações em que somos convocados ao testemunho de nossa fé, fôssemos capazes de repetir com Maria:

– Senhor, eis aqui vosso servo! Cumpra-se em mim conforme vossos desígnios sábios e justos!

Podemos destacar a viagem de José e Maria a Belém, para atender à convocação de um recenseamento determinado por Augusto César.

Hospedaria lotada, ninguém disposto a acolher o casal, que nada encontrou senão um estábulo singelo para abrigar-se.

Uma situação que simboliza as portas fechadas do coração humano para o exercício da solidariedade.

Recordemos, meus irmãos, o nascimento de Jesus numa estrebaria, tendo o mais singelo de todos os berços – uma manjedoura, destinada a alimentar animais...

Jesus entrava no mundo pela porta da humildade, a nos ensinar, desde o início, que o caminho das mais sagradas realizações da alma humana passa necessariamente pelo reconhecimento de nossa pequenez diante de Deus.

Podemos destacar a anunciação dos anjos aos espantados pastores de Belém: *Glória a Deus nas alturas, paz na Terra aos homens de boa vontade.*

A paz é o tempero da felicidade. Podemos ser milionários. A vida pode atender a todas as nossas solicitações, mas, se não tivermos paz seremos mendigos de ventura.

O mensageiro divino veio trazer a paz, mas somente aos homens de boa vontade, que é a vontade de ser bom, a realizar-se no empenho de servir, de fazer algo pelo próximo.

Podemos destacar a estrela de Belém, guiando os reis magos, Gaspar, Belchior e Baltazar, sábios do oriente que vieram homenagear o emissário divino com presentes de ouro, incenso e mirra.

Segundo a tradição, ouro simbolizava a realeza de Jesus; incenso, sua elevada espiritualidade; mirra, uma substância vegetal usada para embalsamar cadáveres, antecipava que seria sacrificado, imolando-se no coroamento de sua missão.

Todos esses episódios têm um forte componente emocional, que toca nossa sensibilidade.

O suave magnetismo que emana da manjedoura sempre nos comove e edifica...

Américo fez longa pausa, como que deixando que os ouvintes assimilassem devidamente o conteúdo de suas palavras.

Na verdade, era Angelina modificando o curso de suas ideias, a reforçar o que lhe sugerira durante o sono.

Sob sua inspiração, explicou:

– Deixando hoje de lado esses temas tão caros à nossa alma, quero lembrar o capítulo décimo, do Evangelho de Lucas, em que Jesus nos conta uma de suas parábolas mais belas e significativas: *O Bom Samaritano*.

Um homem seguia pela estrada de Jerusalém a Jericó, quando foi assaltado por ladrões que lhe tiraram seus pertences e o espancaram, deixando-o desfalecido.

Pouco depois passou um sacerdote, que não se deteve diante do homem caído no caminho.

O mesmo aconteceu, minutos mais tarde, com um levita que transitou por ali.

Em seguida passou um samaritano.

Tão logo contemplou o homem caído no caminho, aproximou-se.

Movido de compaixão, colocou-o sobre seu cavalo e o levou a uma estalagem.

Ali, prestativo, cuidou de seus ferimentos, comportando-se como paciente e dedicado enfermeiro.

No dia seguinte, de partida, deixou algum dinheiro com o dono da hospedaria, dizendo-lhe:

– Cuida dele e tudo o que de mais gastares eu te reembolsarei quando voltar.

Após ligeira pausa, Américo continuou:

Há vários aspectos nesta parábola, dignos de nossa atenção.

Vamos considerar um apenas.

O sacerdote e o levita eram homens de Deus,

ligados ao culto judeu.

Certamente cumpriam seus deveres.

Frequentavam a sinagoga.

Ofereciam sacrifícios no Templo.

Pagavam o dízimo.

Jejuavam regularmente.

Acredito que não eram más pessoas.

Todavia, faltou-lhes algo essencial, o mais importante no relacionamento humano:

Prestar atenção!

Em primeiro lugar, como homens religiosos, tinham a obrigação de prestar atenção a dois mandamentos fundamentais da Lei Judaica.

O primeiro em *Deuteronômio*, capítulo 6, versículo 5:

Amarás, pois, o senhor teu Deus de todo o teu coração, de toda a tua alma, e de todas as tuas forças.

O segundo em *Levítico*, capítulo 19, versículo 18:

Amarás o teu próximo como a ti mesmo.

Esses dois mandamentos são tão importantes que, segundo Jesus, resumem a *Lei e os Profetas*, que compõem o *Velho Testamento*, na *Bíblia*.

Se fosse perdido todo o conteúdo dessa primeira parte do texto bíblico, a essência poderia ser resguardada nesses dois versículos singelos.

No amor a Deus sobre todas as coisas e ao próximo

como a nós mesmos está a base das mais sagradas realizações da alma humana.

O sacerdote e o levita simplesmente não prestaram atenção aos dois mandamentos.

Se o fizessem, principalmente em relação ao segundo, não deixariam de prestar atenção ao homem caído no caminho, à espera de socorro.

Não prestaram atenção ao fato de que se tratava de um filho de Deus e que a melhor maneira de demonstrar amor por um pai é cuidar de seus filhos.

Não prestaram atenção.

Para nos livrarmos de nossos problemas, para vivermos felizes, para conservarmos o equilíbrio, meus irmãos, o melhor remédio é estarmos sempre dispostos a servir, a fazer algo pelo próximo, como Jesus ensinou e exemplificou ao longo de seu abençoado apostolado.

Mas para tanto é preciso prestar atenção!

Que nos coloquemos no lugar do irmão caído no caminho, a simbolizar os carentes, sofredores, doentes, de todos os matizes, e tratemos de fazer por eles o que gostaríamos que fizessem por nós, se em idêntica situação.

Infelizmente, inspirados pelo egoísmo, amamos tanto a nós mesmos que não há espaço em nosso coração para o amor a Deus e ao próximo.

Nossa atenção está sempre voltada para problemas e necessidades de nosso dia-a-dia.

Damos-lhes tanta importância que parecem crescer sempre, desmesuradamente, em nosso íntimo.

Ficam tão grandes que nos perturbam e não raro

nos levam a fazer o que não devemos.

O que é o suicida senão alguém que pensa tanto em seus problemas, que não os suporta, sem cogitar dos graves desajustes que provocará em sua alma?

O que é o assaltante senão alguém que pensa tanto em solução fácil para a falta de dinheiro, que perde a capacidade de avaliar os prejuízos morais e materiais que causa?

O que é o viciado senão alguém que pensa tanto nos momentos de euforia oferecidos pelo vício, que não percebe o buraco negro de tormentas e desequilíbrios em que está mergulhando?

O que é o ambicioso senão alguém que pensa tanto em grandeza material, que não percebe que se transformou em escravo do dinheiro?

O que é o sedutor senão alguém que pensa tanto em aventuras passionais sem compromisso, que não cogita da tormentosa desilusão que provoca em almas sensíveis e ingênuas?

Quando Jesus nos recomenda orar e vigiar, nada mais pretende senão que prestemos atenção aos nossos pensamentos, aos nossos impulsos; que encarando a realidade, em clima de oração, superemos o mal que nos acena e nos disponhamos ao bem que nos espera.

Então, meus irmãos, como tema natalino, assunto para reflexão, peço-lhes que, no empenho por cumprir o Evangelho, prestem atenção, muita atenção às pessoas ao seu redor, seja o familiar, o colega de trabalho, o amigo, o desconhecido...

Estejam atentos às circunstâncias, aos momentos,

aos locais por onde transitem.

Prestem atenção!

Em seguida Américo pronunciou a prece de abertura dos trabalhos, dirigindo-se a Jesus:

– Senhor Jesus, aqui estamos, reunidos para te oferecer o preito de nossa gratidão pela bênção do Evangelho.

Jamais seremos suficientemente gratos ao teu sacrifício, renunciando às paragens celestiais para nos oferecer o roteiro de nossa redenção.

Eternos beneficiários de tuas bênçãos, viciados no petitório relacionado com nossas necessidades, hoje não desejamos senão rogar-te que nos dês o dom de prestar atenção, prestar muita atenção às necessidades alheias, ao que possamos fazer em benefício do próximo.

Que as nossas melhores vibrações de carinho, enfeixadas pela tua misericórdia, estendam-se por todas as pessoas que sofrem, na Terra e além da Terra.

Assim seja.

Capítulo 7

Outro expositor assumiu a tribuna, discorrendo sobre um tema natalino, mas Antônio Carlos não o ouvia, preso às considerações de Américo.

Interessante tese – matutou com seus botões. – Prestar atenção!

Bem... – considerou, sorrindo, atendendo à equivocada orientação de vida que o transviara – tudo o que posso perceber, prestando atenção, é que estou precisando de uma dose de vodca.

Saiu do Centro discretamente, à procura de um bar.

Angelina o acompanhou.

Enlaçou o filho, envolvendo-o em vibrações

luminosas, induzindo-o a pensar no que ouvira.

Sob sua influência, o tema da noite teimava em martelar o cérebro de Antônio Carlos.

Prestar atenção...

Conectar-se com o mundo, com as pessoas...

Lembrava-se do livro *A Ilha*.

Nele, Aldous Huxley, famoso escritor inglês, reporta-se a uma comunidade treinada para viver intensamente experiências no campo da percepção.

Havia na ilha mainás, pássaros que, à semelhança do papagaio, imitam com perfeição a voz humana.

Eram treinados para repetir uma frase e, em bandos, voejando ou empoleirados nas árvores, repetiam o refrão incisivo:

— Aqui e agora, aqui e agora, aqui e agora!

Ali estava o *prestar atenção!*

Abra os olhos! Observe o que está acontecendo ao seu redor. Integre-se na realidade, atue, tome a iniciativa, faça algo em favor do bem comum.

— Preste atenção! — insistia Angelina pelos condutos da intuição.

Prestar atenção!...

A frase não saia da mente de Antônio Carlos, que iniciou a travessia de um viaduto.

Do outro lado, o desejado bar.

Sempre com aquela ideia a martelar seu cérebro, avistou alguém junto à murada.

Aproximando-se, viu que era uma jovem.

Um bom treinamento para o *prestar atenção* – refletiu. – Seria interessante conectar-me com ela e descobrir por que, em plena comemoração natalina, está parada neste viaduto, expressão triste, infeliz, como se carregasse o peso das misérias humanas sobre seus ombros frágeis.

Já bem perto, bateu a dúvida:

Estará pensando em atirar-se?

Parou a seu lado.

– Boa noite!

A jovem o olhou, assustada...

– Fique tranquila, estou aqui para ajudá-la, se possível. Fiquei preocupado ao vê-la junto à murada...

Abertas as comportas do desespero, ela derramou-se em lágrimas.

Chorava convulsivamente.

Procurando acalmá-la, Antônio Carlos brincou:

– Ah! Minha filha, que problema tão grave poderia afetar alguém tão jovem, tão bonita. É um pecado!

Abraçou-a, sentindo imensa piedade.

Tão nova, com todo um futuro pela frente, e pensando em matar-se!

Ela se recompôs aos poucos. Parou de chorar.

Confirmando a impressão de Antônio Carlos, desabafou, atormentada:

– O senhor me desculpe. Sei que ia cometer uma loucura, mas há momentos em que a gente se desespera. A morte pareceu-me a melhor solução.

– Brigou com o namorado?

– Pior. Fez-me juras de amor eterno! Prometeu-me um futuro risonho. Haveríamos de nos casar, lar feliz, repleto de filhos... Descobri agora que esse monstro é casado e apenas divertiu-se às minhas custas...

— Como é seu nome?

— Maria do Carmo.

— Pois bem, Maria do Carmo, se ele foi capaz de tal cafajestada, considere que não a merece, nem suas lagrimas e muito menos o desejo de matar-se.

— Não suporto a desilusão. É como se o mundo desabasse sobre minha cabeça. Perdi a graça de viver.

— É que você não pensou no assunto com serenidade. Diga-me: o que é a ilusão?

— A ideia errada, a fantasia que nutrimos sobre alguém ou alguma coisa.

— Muito bem! E a desilusão?

— É a constatação de que estávamos enganados.

— Perfeito. A desilusão revelou que você estava iludida. Então, não pode ser algo ruim. Você agora está encarando a realidade, o que é bom.

— Uma realidade tormentosa, como se eu estivesse no inferno. Não consigo superar a angústia, a amargura sem fim...

— É que você está convivendo com um cadáver. O cadáver da desilusão. Enterre-o, você é jovem e bonita. Pare de martirizar-se. Encontrará um rapaz digno que a mereça.

— Estou só, sem recursos, sem ter onde ficar...

— Fique tranquila. Conheço uma instituição que abriga jovens. Gente boa. Eu a levarei. Depois do Natal daremos um jeito em sua situação. Está bem? Confia em mim?

Ela esboçou um sorriso.

– Não há como não confiar. O senhor salvou-me a vida.

– Agradeça ao seu anjo da guarda, minha filha. Certamente foi ele quem me inspirou a atravessar o viaduto naquele exato momento em que intentava atirar-se dele.

Ela o acompanhou até onde Antônio Carlos estacionara o carro.

Já em direção à instituição, conversaram:

– Vem de onde, Maria do Carmo?

– Moro em Uberlândia.

– Como conheceu o namorado?

– Ele estava a serviço. É engenheiro. Ficou na cidade por seis meses.

– Bastante tempo para sustentar o namoro.

– O suficiente para iludir-me. Meus pais bem que me advertiram que tomasse cuidado...

Antônio Carlos sorriu, lembrando o tema da palestra.

– Você não prestou atenção...

– Prestar atenção?

– Sim, é o que aprendi hoje. Se quisermos viver bem, é preciso prestar atenção. No seu caso seria observar a advertência de seus pais. Tomar cuidado no relacionamento com um estranho, checar suas informações...

– Ele era tão atencioso, parecia gostar tanto de mim... Estava sempre a repetir que eu era a mulher de sua vida.

– Sem dúvida, quem não gostaria de uma jovem tão bonita como você, principalmente com vistas a um relacionamento sem compromisso?

– Há algo que não disse ao senhor. Não posso voltar para minha cidade.

– Algum problema com seus pais?

– De certa forma, sim. Estou grávida. Eles não sabem.

– Então agradeça duplamente a Deus por não ter consumado seu intento. Além do suicídio, você teria cometido um assassinato.

– Na minha cabeça eu imaginava que iria livrar meu filho de uma vida complicada, sem pai. Uma loucura!

– E o seu namorado? O que falou sobre a criança?

– Não tomou conhecimento. Mandou que eu me virasse.

– Vai ter que tomar conhecimento, sim. Sou advogado. Vou cuidar de seu caso. Terá que assumir sua responsabilidade. Quanto aos seus pais, conversarei com eles.

Capítulo 8

A instituição não ficava longe.

Mais alguns minutos e chegavam ao *Abrigo Filhas de Maria*, nobre entidade filantrópica que atendia jovens em situação de risco, exploradas na prostituição, agredidas por seus companheiros, ou simplesmente grávidas e abandonadas à própria sorte.

Antônio Carlos conhecia a dirigente, dona Hermínia, que fora a idealizadora, fundadora e principal inspiração de um grupo de voluntários que colaboravam em iniciativas para sustento da instituição.

Há alguns anos ele prestara valioso serviço, defendendo a entidade numa pendência judicial relacionada com o terreno que ocupava. Era bem localizado e estava sendo cobiçado por uma empreiteira.

Fora doado pela prefeitura com a finalidade específica de atender mulheres em situação de risco, porém havia sido construída uma igreja evangélica em parte do imóvel.

Valendo-se dessa situação, a empreiteira pretendia que o patrimônio fosse devolvido à prefeitura, por uso indevido. A partir dessa determinação, seria articulada politicamente uma permuta e ela entraria na posse do valioso terreno.

Havia uma saída. Derrubar a igreja evangélica, porém dona Hermínia, que tinha em Jesus sua fonte de inspiração, considerara tal medida um sacrilégio.

A igreja era, no seu entender, a ponte para o sagrado, o elo de ligação com Jesus para dele receber a inspiração no cumprimento dos objetivos da entidade.

* * *

Uma digressão.

Há uma grande dificuldade das entidades religiosas para firmar convênios com os poderes públicos, no desdobramento de suas atividades filantrópicas.

Alega-se que o Estado não pode subsidiar religiões, confundindo o culto religioso, que é da competência dos fiéis, com a atividade filantrópica que é de interesse social e, como tal, deve receber apoio dos poderes constituídos.

No entanto, observe, leitor amigo, que escândalos e desvios de verbas públicas atingem, com raras exceções, organizações não governamentais (ONGs) desvinculadas de instituições religiosas.

A melhor garantia de aplicação honesta dos recursos públicos, em contratos com entidades filantrópicas, não está no controle de verbas em prestações de contas, sempre fraudáveis, mas na honestidade de seus gestores, virtude mais facilmente identificável naqueles que levam tão a sério uma religião que se dispõem a assumir compromissos de trabalho no campo social, como voluntários dedicados e empreendedores.

Pessoas assim são sempre confiáveis, porquanto agem com lisura, não por temer represálias dos homens, mas em cumprimento aos ditames da própria consciência, sob inspiração de sua religião.

* * *

Angelina, de formação evangélica enquanto encarnada, fora uma das grandes colaboradoras da instituição, a qual dedicara boa parte de sua existência, tempo dividido entre os cuidados com o filho e o serviço em favor de suas irmãs carentes.

Antônio Carlos fora convocado por sua mãe para defender a entidade. Embora em início de carreira, revelava a inteligência e iniciativa que fariam dele o competente advogado que surpreendia a todos com sua cultura e iniciativa.

Analisando o processo, ele logo percebeu que, estando a instituição a cumprir a finalidade para a qual fora doado o terreno, não havia por que objetar à existência da pequena igreja, que em nada interferia nos compromissos expressos no decreto de doação.

Ao contrário, a atividade religiosa favorecia a arrecadação de recursos de manutenção da própria entidade, junto aos fiéis.

Mais do que isso, Antônio Carlos investigou e acabou descobrindo a empreiteira por trás daquele processo. Foi o suficiente para que a prefeitura desistisse da pendência, com a demissão do Secretário de Obras pelo Prefeito, indignado com aquela manobra.

Desde então dona Hermínia dedicava-lhe imenso carinho, situando-o como abençoado benfeitor.

Foi ela quem o recebeu, enlaçando-o em apertado abraço. E logo perguntou:

— Então, meu filho, veio comemorar o Natal conosco?

— Infelizmente não posso ficar, dona Hermínia. Quero apenas pedir-lhe um favor.

— Será sempre uma ordem.

Antônio Carlos sorriu.

— Quem sou eu, dona Hermínia, para dar-lhe ordens. A senhora é a nossa mentora querida.

Apresentando a jovem a seu lado, adiantou:

— Maria do Carmo está numa situação difícil, que lhe explicará depois. Peço-lhe acolhê-la por alguns dias, até que possamos resolver seu problema, ou talvez a senhora mesma tenha a solução.

— Fique tranquilo.

E dirigindo-se à jovem:

— Seja bem-vinda, Maria do Carmo. Esta casa tem

por objetivo servir a Jesus na pessoa de nossos irmãos. Você é um presente de Natal, que estamos recebendo com alegria. Certamente enriquecerá nosso quadro de hóspedes com sua juventude e beleza. Deus a abençoe!

Maria do Carmo sorriu emocionada, enquanto dedicada dirigente a abraçava, carinhosa, sentindo-a carente.

— Não quer mesmo ficar, Antônio Carlos?

— Gostaria muito, mas realmente não posso, dona Hermínia. Virei depois do Natal. Trarei Estela comigo.

Dona Hermínia o beijou com ternura maternal.

— Vá com Deus, meu filho. Jesus o abençoe!

Maria do Carmo o acompanhou até o automóvel.

Ele despediu-se:

— Fique tranquila, você está em boas mãos.

Emocionada, ela o abraçou:

— Reconheço agora que ia fazer uma bobagem. Deus lhe pague e o abençoe. Imagino como seus familiares devem regozijar-se por ter alguém como o senhor para cuidar deles.

Antônio Carlos esboçou sorriso triste.

— Creio ser mais frequente lastimarem.

Capítulo 9

Evocando a experiência de Maria do Carmo, que poderia complicar a existência num momento de desespero, oportuno considerar o problema do suicídio, que deve estar sempre presente na literatura espírita.

É imperioso que as pessoas saibam quão comprometedora é essa fuga.

Se tudo terminasse no túmulo, o suicídio seria a opção ideal para os males humanos.

Por que sofrer, enfrentar enfermidades graves, limitações insuperáveis, desilusões amorosas, padrão de vida ruim?

Por que conviver com a depressão, a angústia, a tristeza?

Por que suportar a morte do ente querido, a solidão cruel?

Acabe-se com o sofrimento!

Desista-se de viver!

Ocorre que podemos destruir a máquina física, mas o Espírito é imortal.

Retornando extemporaneamente ao mundo real, o Além, o suicida colhe amargas consequências.

Essa agressão contra o corpo físico lesiona os tecidos sutis do perispírito, o corpo espiritual, impondo tormentos inenarráveis aos que pretendem furtar-se aos seus problemas nessa fuga desatinada.

Camilo Castelo Branco, o grande escritor português que se matou com um tiro na cabeça, em virtude de problemas existenciais, faz incisivo alerta no livro *Memórias de um Suicida,* psicografado pela médium brasileira Yvonne Pereira.

Enfatiza que não há na Terra sofrimentos que se comparem aqueles experimentados pelo suicida.

É apavorante sua descrição sobre o Vale dos Suicidas, onde estagiou, uma das muitas regiões tormentosas onde são confinados, por tempo indeterminado, os infelizes que pretendem fugir de seus problemas por essa porta falsa.

Transcrevo algo de suas considerações, bastante ilustrativas, alertando-nos quanto às consequências desse gesto desatinado.

Precisamente no mês de janeiro do ano da graça de 1891, fora eu surpreendido com meu aprisionamento em região do Mundo Invisível cujo desolador panorama era composto por vales profundos, a que as sombras presidiam: gargantas sinuosas e cavernas sinistras, no interior das quais uivavam, quais maltas de demônios enfurecidos, Espíritos que foram homens, dementados pela intensidade e estranheza, verdadeiramente inconcebíveis, dos sofrimentos que os martirizavam.

Nessa paragem aflitiva a vista torturada do grilheta não distinguiria sequer o doce vulto de um arvoredo que testemunhasse suas horas de desesperação; tampouco paisagens confortativas, que pudessem distraí-lo da contemplação cansativa dessas gargantas onde não penetrava outra forma de vida que não a traduzida pelo supremo horror!

O solo, coberto de matérias enegrecidas e fétidas, lembrando a fuligem, era imundo, pastoso, escorregadio, repugnante!

O ar pesadíssimo, asfixiante, gelado, enoitado por bulcões ameaçadores como se eternas tempestades rugissem em torno; e, ao respirarem-no, os Espíritos ali ergastulados sufocavam-se como se matérias pulverizadas, nocivas mais do que a cinza e a cal, lhes invadissem as vias respiratórias, martirizando-os com suplício inconcebível ao cérebro humano habituado às gloriosas claridades do Sol — dádiva celeste que diariamente abençoa a Terra — e às correntes vivificadoras dos ventos sadios que tonificam a organização física dos seus habitantes.

Não havia então ali, como não haverá jamais, nem paz, nem consolo, nem esperança: tudo em seu âmbito marcado pela desgraça era miséria, assombro, desespero e horror.

Dir-se-ia a caverna tétrica do Incompreensível, indescritível a rigor até mesmo por um Espírito que sofresse a penalidade de habitá-la.

O vale dos leprosos, lugar repulsivo da antiga Jerusalém de tantas emocionantes tradições, e que no orbe terráqueo evoca o último grau da abjeção e do sofrimento humano, seria consolador estágio de repouso comparado ao local que tento descrever.

Pelo menos, ali existiria solidariedade entre os renegados!

Os de sexo diferente chegavam mesmo a se amar!

Adotavam-se em boas amizades, irmanando-se no seio da dor para suavizá-la!

Criavam a sua sociedade, divertiam-se, prestavam-se favores, dormiam e sonhavam que eram felizes!

Mas no presídio de que vos desejo dar contas nada disso era possível, porque as lágrimas que se choravam ali eram ardentes demais para se permitirem outras atenções que não fossem as derivadas da sua própria intensidade!

No vale dos leprosos havia a magnitude compensadora do Sol para retemperar os corações!

Existia o ar fresco das madrugadas com seus orvalhos regeneradores!

Poderia o precito ali detido contemplar uma faixa do céu azul...

Seguir, com o olhar enternecido, bandos de andorinhas ou de pombos que passassem em revoada!...

Ele sonharia, quem sabe? Lenido de amarguras, ao poético clarear do plenilúnio, enamorando-se das cintilações suaves das estrelas que, lá no Inatingível, acenariam para a sua desdita, sugerindo-lhe consolações no insulamento a que o forçavam as férreas leis da época!...

E, depois, a Primavera fecunda voltava, rejuvenescia as plantas para embalsamar com seus perfumes cariciosos as correntes de ar que as brisas diariamente tonificavam com outros tantos bálsamos generosos que traziam no seio amorável...

E tudo isso era como dádivas celestiais para reconciliá-lo com Deus, fornecendo-lhe tréguas na desgraça.

Mas na caverna onde padeci o martírio que me surpreendeu além do túmulo, nada disso havia!

Aqui, era a dor que nada consola, a desgraça que nenhum favor ameniza, a tragédia que ideia alguma tranquilizadora vem orvalhar de esperança!

Não há céu, não há luz, não há sol, não há perfume, não há tréguas!

O que há é o choro convulso e inconsolável dos condenados que nunca se harmonizam!

O assombroso ranger de dentes da advertência prudente e sábia do sábio Mestre de Nazaré!

A blasfêmia acintosa do réprobo a se acusar a cada novo rebate da mente flagelada pelas recordações penosas!

A loucura inalterável de consciências contundidas pelo vergastar infame dos remorsos.

O que há é a raiva envenenada daquele que já não pode chorar, porque ficou exausto sob o excesso das lágrimas!

O que há é o desaponto, a surpresa aterradora daquele que se sente vivo a despeito de se haver arrojado na morte!

É a revolta, a praga, o insulto, o ulular de corações que o percutir monstruoso da expiação transformou em feras!

O que há é a consciência conflagrada, a alma ofendida pela imprudência das ações cometidas, a mente revolucionada, as faculdades espirituais envolvidas nas trevas oriundas de si mesma!

O que há é o "ranger de dentes nas trevas exteriores" de um presídio criado pelo crime, votado ao martírio e consagrado à emenda!

É o inferno, na mais hedionda e dramática exposição...

Terrível, não é mesmo, amigo leitor?

Algo que supera em intensidade e dramaticidade as mais terríveis *revelações* da teologia tradicional, a ameaçar os suicidas com as caldeiras do inferno.

Escrevi o termo em destaque, porquanto essas informações são especulativas e não costumam impressionar o homem atual, pouco receptivo a fantasias.

Com o Espiritismo, o assunto é diferente.

É o relato de alguém que esteve lá, nas regiões atormentadas onde estagiam os suicidas.

E quem estiver familiarizado com a literatura de Camilo Castello Branco não terá dificuldade para identificar em *Memórias de um Suicida* o seu estilo narrativo dramático, intenso.

Relatos dessa natureza são comuns nas obras mediúnicas, com destaque para *O Céu e Inferno,* de Allan Kardec, e a magistral série *Nosso Lar,* do Espírito André Luiz, psicografada por Francisco Cândido Xavier.

O médium de Uberaba foi abençoada ponte entre o mundo espiritual e o físico, pela qual transitaram milhares de Espíritos que vieram dar notícias do Além, registradas nas mais de quatrocentas obras que psicografou.

Só põem dúvida na autenticidade das comunicações aqueles que não se deram ao trabalho da apreciá-las, ou os negadores contumazes que não conseguem admitir a realidade espiritual, adotando uma postura irracional do tipo *não vi e não acreditei.*

Ainda que vejam, sempre dirão: *não acredito porque sei que é impossível.*

Penosas surpresas lhes estão reservadas pela inexorável *senhora da foice,* quando chegar sua hora.

Espíritos assim não conseguem nem mesmo acordar para a realidade espiritual.

Permanecem em estado catatônico, atormentados e aflitos, em intermináveis pesadelos.

* * *

Os que se convencem da realidade espiritual, perguntam:

– Por que, sendo algo tão funesto, os bons Espíritos não evitam que as pessoas cometam o suicídio? Não temos um protetor espiritual, o anjo da guarda da tradição cristã? Terá ocorrido um descuido da parte deles? Foram incompetentes no compromisso de proteger seus pupilos?

Evidentemente, não.

Detalhe importante: os índices de suicídio seriam bem maiores se não houvesse a interferência dos bons

Espíritos, sempre prontos a nos inspirar diante das tentações do mundo, principalmente diante da infeliz iniciativa do suicídio.

Quando alguém começa a nutrir a ideia de fuga é como se soasse um estridente alarme no mundo espiritual.

Mobilizam-se amigos, familiares, protetores, no propósito de mudar suas disposições.

Ocorre que o candidato ao suicídio passa por uma turvação mental que dificulta a sintonia com esses dedicados socorristas.

A solução está em encontrar alguém que lhes sirva de intermediário, pelos condutos da inspiração.

Aí reside a dificuldade.

No livro *Sexo e Destino,* psicografia de Francisco Cândido Xavier, André Luiz nos oferece dramático exemplo quando descreve o esforço de benfeitores espirituais tentando demover uma jovem do suicídio.

Procuraram junto a amigos, familiares, colegas de serviço, alguém que pudesse intermediar sua atuação, alguém disposto a prestar atenção.

Diz ele:

Ninguém estendendo antenas espirituais, com possibilidades de auxílio, ninguém orando, ninguém refletindo...

Em todos os lugares, pensamentos entouçados sobre raízes de sexo e finança, configurando cenas de prazeres e lucros, com receptividade frustrada para qualquer interesse de outro tipo.

Resumindo: ninguém receptivo aos apelos da espiritualidade, porque ninguém estava *prestando atenção ao irmão caído na estrada*.

Confesso, leitor amigo, que eu mesmo já passei por situação semelhante, em que mentores espirituais tentaram meu concurso para evitar um suicídio.

Infelizmente não foi possível, porque eu não estava atento, mente ocupada pelo imediatismo terrestre.

* * *

Suicídios são evitados quando as pessoas *prestam atenção*.

Em meu livro *Para Viver a Grande Mensagem*, publicado pela Federação Espírita Brasileira, narro uma experiência inesquecível nesse particular.

Por seu significado, por ser profundamente estimulante ao ato de *prestar atenção*, julgo oportuna sua transcrição.

Idoso confrade, espírita da velha guarda, homem simples, sincero e extraordinariamente comunicativo, percorria as dependências de um presídio onde deveria proferir palestra.

Ao passar pela biblioteca, notou um preso absorto na leitura, em recanto discreto.

Impressionou-o a expressão abatida e triste do reeducando.

Obedecendo a um impulso, aproximou-se e, num gesto muito seu, abraçou-o efusivamente, dizendo-lhe:

– Olá, irmão! Lendo um pouco? Os bons livros oferecem luz para o Espírito e conforto para o coração...

E por aí foi, numa torrente de observações carinhosas que fluíam naturalmente de seus lábios, extravasando fraternidade pura.

O preso recebeu taciturno tão efusiva manifestação de alguém que jamais vira, mas rendeu-se à sua simpatia e acabou por acompanhá-lo ao recinto de reuniões.

O tema da noite foi o suicídio.

Inspirado, o visitante apresentou-o por porta falsa pela qual aquele que pretende libertar-se do sofrimento se precipita em dores mil vezes acentuadas.

Servindo-se de numerosos exemplos, demonstrou que desertar da existência é adiar compromissos intransferíveis e que, após dolorosas experiências no plano espiritual, o suicida enfrentará, em regime de complexidade capitalizada, as mesmas situações de que fugira.

Deixou claro, finalmente, que o sofrimento, quando suportado com humildade e confiança em Deus, é sempre recibo de quitação de velhos débitos, habilitando o Espírito a um futuro de bênçãos...

Ao término da reunião, o preso, que tudo ouvira com grande interesse, aproximou-se do conferencista e confessou:

– O senhor salvou-me a vida esta noite... Quando entrou na biblioteca, eu apenas fingia ler... Meus olhos estavam pousados no livro, mas meu pensamento era um vulcão. Mágoas e inquietações que há meses me torturavam o cérebro haviam atingido um ponto de saturação. A ideia do

suicídio pareceu-me a solução ideal.

Suas palavras, entretanto, abriram meus olhos para a loucura que eu ia cometer. Sua visita foi providencial. Jamais esquecerei seu abraço fraterno na biblioteca e tenho certeza de que foi Deus quem o inspirou. Muito obrigado! Prometo-lhe que nunca mais pensarei em cometer tamanha loucura!

* * *

Nota-se claramente neste episódio a ação do plano espiritual, montando um dispositivo de socorro a alguém prestes a mergulhar no precipício do suicídio.

O autoaniquilamento, desastre de consequências imprevisíveis para os que não respeitam o compromisso da existência, provoca intensa mobilização de benfeitores invisíveis que, com todos os meios ao seu alcance, lutam para evitar a consumação do lamentável gesto de rebeldia.

Impossibilitados de uma ação direta, em face do turbilhonamento mental do socorrido, articulam a visita do conferencista, promovem o encontro na biblioteca e inspiram o visitante à escolha do tema.

Raros, entretanto, os que se dispõem a estender antenas espirituais para captar os apelos do Alto.

É fácil imaginar o drama dos Espíritos, procurando neste mundo de interesses imediatistas, sob o domínio das sensações, alguém capaz de cultivar a reflexão e de ceder ao impulso da Fraternidade.

Um sorriso amigo, uma palavra gentil, um gesto de camaradagem operam prodígios num coração atribulado...

Cada suicida que deixa a Terra, frustrando os esforços da Espiritualidade, é alguém que complica o futuro por fugir do presente, mas é também um atestado eloquente da indiferença que caracteriza o homem comum, de sensibilidade atrofiada para os apelos da Vida Maior, incapaz de perceber a angústia de seu irmão...

Cada suicida que deixa a Terra atesta, sobretudo, leitor amigo, displicência dos que não se dispõem a *prestar atenção ao irmão caído na estrada.*

Capítulo 10

Deixando a instituição, Antônio Carlos levava uma passageira invisível no automóvel – sua mãe.

Angelina continuava a intuí-lo, infiltrando-se em seus pensamentos.

É preciso prestar atenção, meu filho! Prestar atenção! Olhar em torno, enxergar as pessoas, buscar o que vai em seu íntimo! Fazer algo por elas!

Conversando com seus botões, ele não percebia que suas cogitações íntimas nasciam da estreita comunhão mental entre ambos.

– Incrível! – conjecturava, admirado. – Um simples prestar atenção o inspirara a evitar o gesto tresloucado de uma jovem perturbada por inesperada desilusão. Quantas tragédias, quantos suicídios seriam evitados se as pessoas estivessem atentas, prestando atenção!

Prestar atenção!

Dirigindo devagar, pôs-se a observar a paisagem, os veículos, as pessoas...

Gente por todo lado, cada indivíduo mergulhado em seu universo íntimo.

Cada um com seus sonhos, seus desejos, seus problemas...

Quantos estariam atormentados pela morte de um ente querido, pela enfermidade, pelas dificuldades financeiras, por desavenças familiares?

Quantos não estariam cogitando do suicídio, a fim de fugir de seus tormentos íntimos, de seus problemas?...

Certamente não resolveria o problema de toda gente, mas poderia fazer a diferença para alguém que estivesse mais perto, ao seu alcance, no lar, na rua, no local de trabalho...

Era só... prestar atenção!

Angelina sorria feliz.

O filho estava começando a entender.

* * *

Atento, ao passar por um hospital observou um homem no ponto de ônibus, solitário.

Usava muletas.

Parou o carro a seu lado.

– Precisa de ajuda, meu amigo?

– Se puder dar-me uma carona...

– Sem problema.

– Moro longe...

– Não se preocupe. Há bastante gasolina no tanque.

Ajudou-o a entrar.

– Seu nome?

– Hugo.

– O meu é Antônio Carlos.

– Prazer em conhecê-lo.

– Vida difícil, Hugo...

– Nem fale! Sofri um acidente e venho três vezes por semana ao hospital, em sessões de fisioterapia. Hoje atrasei e teria dificuldade para tomar o ônibus. Passam lotados, movimento intenso. O senhor caiu do Céu.

– Só se fosse por pane na vassoura!

– Como assim?

– Não conhece a história do homem que dizia que sua sogra caíra do Céu?

– Do Céu?

– Sim. Deu pane na vassoura da bruxa!

Hugo riu, descontraído.

– Não o vejo como um bruxo malvado. Nessa linha de raciocínio poderíamos dizer que feliz foi Adão.

– Feliz por quê?

– Não teve sogra.

Foi a vez de Antônio Carlos sorrir.

– Pobres sogras...

– Confesso – falou Hugo, convicto – que não posso

enquadrar a minha, porquanto sempre foi um anjo para mim.

— Também caiu do céu? Quebrou a asa?

Hugo abriu largo sorriso.

— Na verdade, está sempre a escondê-las. Humilde, jamais faria propaganda de suas virtudes. É uma mulher espiritualizada, dotada de grande sensibilidade, sempre voltada para o Bem. O senhor nem imagina quantos benefícios tenho recebido de suas mãos generosas.

— Pare com esse tratamento cerimonioso. O Senhor está no Céu.

— Pois saiba, Antônio Carlos, que foi o Senhor, Nosso Pai, quem aproveitou sua boa vontade para ajudar-me no retorno ao lar. Seria demorado se dependesse de ônibus.

Antônio Carlos sorriu:

— Fico feliz em saber que o Senhor escolheu-me para ajudá-lo.

— O Senhor está sempre convocando as pessoas ao Bem, porém, como dizia Jesus, a seara é grande, mas poucos são os candidatos ao serviço. Raros estão dispostos a *arregaçar as mangas* para ajudar o próximo.

— Pouca gente prestando atenção...

— Engraçado, você definiu bem. As pessoas não prestam atenção...

— Ao irmão caído na estrada.

— Ou de muletas...

Antônio Carlos espantou-se.

Aquela iniciativa de manter os olhos abertos, de prestar atenção, ia longe...

– Você é religioso? – perguntou Hugo, interessado em saber o que movia aquele homem que se dava ao trabalho de ajudar um desconhecido, algo incomum na vida social.

– No momento não frequento nenhuma igreja...

– Curioso, meu amigo. Você é um exemplar raro, alguém que cultiva religiosidade sem ter uma religião.

– Religiosidade?...

– Sim, seria a aplicação prática do que aprendemos com a religião. É a parte mais difícil, porquanto exige que ultrapassemos a mera frequência às igrejas e estejamos dispostos a cumprir os ditames da religião.

– Generosidade sua, Hugo, situar-me como alguém que cultiva religiosidade. Conheço bem minhas limitações. Estou a quilômetros dessa virtude.

Hugo o contemplou por alguns instantes e acentuou:

– Deus agraciou-me com o dom de conhecer o íntimo das pessoas e vejo em você um grande potencial espiritual. Algo me diz que esta véspera de Natal será um divisor de águas em sua existência.

Não sabia Hugo que um terceiro passageiro estava ali, intuindo-o a falar o que Antônio Carlos precisava ouvir.

Era Angelina, naquela decisiva empreitada de mudar os rumos de seu filho, colocando-o em caminho seguro, longe do álcool, a fim de retomar abençoados compromissos assumidos ao reencarnar.

Antônio Carlos sentia-se um tanto desconfortável ante as observações de Hugo, porquanto há muito guardava a impressão de que entrara por um desvio, na jornada de sua vida.

Se algo viera fazer na Terra, certamente não era exatamente o que estava fazendo.

Procurou mudar o rumo da conversa:

– Como foi o acidente? Estava jogando futebol?

Hugo acompanhou seu sorriso.

– Até poderia ser, porquanto sempre fui um *perna de pau*. Aconteceu algo mais grave: fui atropelado.

– Não prestou atenção ao atravessar a rua?

– Quem não prestou atenção foi o motorista. Eu estava na faixa de pedestre, cumprindo o regulamento. Ele freou quase em cima e acabou me derrubando. Tive várias escoriações e uma perna quebrada. Fiquei um mês no hospital.

Meu Deus! – cogitou Antônio Carlos com seus botões –. mais uma vez o problema da atenção! Um acidente aconteceu porque o motorista foi desatento.

Já não era apenas atentar ao irmão caído na estrada, mas evitar atropelá-lo.

– E o motorista? Parou para socorrê-lo?

– Acelerou…

– Anotaram a chapa?

– Alguém anotou. Já foi identificado. As autoridades abriram um processo contra ele.

– Pois saiba que a omissão de socorro é falta grave e caberia uma ação por danos físicos e prejuízos financeiros.

– Não pretendo fazer isso, Antônio Carlos. Fiquei sabendo que o motorista é um pobre coitado, que literalmente não tem onde cair morto. O carro que dirigia nem é dele.

– Algum bem ele deve possuir. Sou advogado e posso iniciar uma ação indenizatória. É quase certo que ganhará. Não lhe cobrarei nada.

– Agradeço sua oferta, porém não creio que valha a pena. Já esqueci.

Raciocinando com a frieza de advogado, Antônio Carlos contestou:

– Não posso concordar com essa decisão. O motorista deve responder por dupla contravenção: desatenção e omissão de socorro.

– Você falou bem. Foi desatento. Não houve maldade ou imprudência. Nem mesmo estava embriagado. Servirá de lição para ele. Será mais cuidadoso.

– Considere, Hugo, que se desistirmos de punir o infrator estaremos favorecendo a anarquia. As pessoas devem aprender a observar as leis. E isso só acontece quando são punidas por suas infrações.

– O caso está na justiça, meu amigo, independente de qualquer iniciativa de minha parte. O que não pretendo é prender-me a um assunto que só me trará aborrecimentos e despesas. Melhor esquecer e *tocar o barco*.

Antônio Carlos não se conformava.

– Nessa linha de raciocínio, digamos que seu filho fosse atropelado por um motorista imprudente, alcoolizado e viesse a falecer ou ficasse inválido. Ainda assim você não faria nada? Deixaria de empenhar-se por vê-lo preso, julgado e sentenciado, a fim de pagar por seu crime? E como ficaria a justiça?

– A justiça sempre será feita, meu caro. É inexorável. Se a humana for impotente, a divina jamais falhará. Todos responderemos por nossas ações. O problema é que esse empenho de ver triunfar a justiça está bem perto do *olho por olho,* de Moisés, num envolvimento intenso que nos desestabiliza muito mais do que o mal de que fomos vítimas. Vejo famílias atormentadas, empenhando-se durante anos para que um agressor pague por seu crime.

– Não acha razoável a família nutrir esse anseio?

– Sim. É compreensível a vítima pretender que o culpado seja punido, mas viver em função dessa ideia é renunciar à paz. Não posso, literalmente, suspender minha vida, à espera de que um criminoso pague pelo seu crime.

– Deveria perdoar?

– É o ideal proposto por Jesus, que nos ofereceu inúmeros exemplos, principalmente diante dos algozes que o conduziram à cruz. Se não somos capazes de perdoar o ofensor, que pelo menos não vivamos agitados pelo desejo de revide que costumamos transferir para os juízes humanos, quando impedidos de exercitar a justiça pelas próprias mãos, exatamente o que muita gente gostaria de fazer.

Antônio Carlos considerou, intimamente, que Hugo estava certo.

Como advogado, conhecia muitas pessoas com a *vida em suspenso,* às voltas com iniciativas e diligências intermináveis e desgastantes para que o responsável pela morte de um ente querido fosse julgado e condenado por seu crime.

Quando Jesus recomendou que perdoássemos sempre, caro leitor, certamente não estava pretendendo favorecer o ofensor, que fatalmente responderá por suas ações perante a justiça divina.

O Mestre simplesmente ensinava como nos livrarmos do ônus comprometedor, pesado, desajustante, do ódio, marcado pelo desejo de revide.

* * *

Li, certa feita, a história de uma senhora cujo filho foi assassinado por um rapaz numa briga de rua.

Discutiram, ofenderam-se, atracaram-se.

Em dado momento, o rapaz sacou uma faca e a cravou em seu peito.

Coração atingido, o adolescente foi conduzido ao hospital, porém não resistiu.

A senhora deixou-se dominar por ódio mortal.

Chegou a alimentar o propósito macabro de comparecer ao tribunal para esfaquear o assassino, tal qual fizera com seu filho. Foi contida por familiares.

Ele foi sentenciado a quinze anos de prisão.

A justiça fora feita, mas ela não encontrava a paz.

Passou meses atormentada pelo ódio por aquele criminoso que lhe roubara seu bem mais precioso.

Sofreu muito, caiu em depressão, adoeceu...

Até que um dia, exausta de tanto ódio, atendeu ao conselho de um amigo e foi à penitenciária, a fim de avistar-se com o assassino.

Era tão jovem quanto seu filho.

Expressão atormentada, ele se ajoelhou aos seus pés, em choro convulsivo.

Disse-lhe que não tivera intenção de matar. Fora um impulso, um momento de loucura.

Estava arrependido e precisava desesperadamente de seu perdão.

Emocionada, a atormentada mãe sentiu que ele estava sendo sincero.

Seu arrependimento não era fingido.

Ela o ergueu e o abraçou, dizendo-lhe, de coração, que o perdoava.

A partir daquele momento sentiu como se tirassem um manto escuro que a sufocava e fazia de sua existência um tormento sem fim.

Deixou a escura prisão do ódio, onde se encerram voluntariamente os que se recusam a perdoar.

Voltou a viver!

Episódios assim nos permitem compreender, caro leitor, por que Jesus reiterou sempre que é preciso exercitar o perdão.

Enfatizou no pai-nosso que *devemos perdoar nossos ofensores, assim como queremos ser perdoados*.

Explicou a Simão Pedro que devemos perdoar, *não apenas sete vezes, mas setenta vezes sete*, perdão sempre, incondicional, irrestrito.

Exemplificou seu ensinamento na cruz. Cercado pela multidão cruel que o hostilizava, regozijando-se com seu suplício, pediu, em oração: *Pai, perdoa-lhes, não sabem o que fazem*.

Retornou ao colégio apostólico nas gloriosas materializações, sem críticas, sem rancores, convocando os discípulos à divulgação de sua gloriosa mensagem.

O mesmo fez com Paulo de Tarso, o implacável perseguidor dos cristãos, indo ao seu encontro às portas de Damasco para transformá-lo no grande arauto da Boa Nova.

O mesmo o Mestre continua a fazer com todos nós, ao longo dos séculos, renovando oportunidades abençoadas de redenção para nossas almas.

Há algo que não devemos esquecer nunca, em nosso próprio benefício:

Aqueles que não perdoam também não sabem o que fazem, imersos num oceano de ressentimento e perturbação que lhes conturba a existência.

Costuma-se dizer que cultivar rancor contra alguém que nos ofendeu ou causou prejuízos é o mesmo que beber veneno com a intenção de prejudicar o ofensor.

Ou se você preferir, leitor amigo, imagine que alguém lhe cause um ferimento e você, ao invés de cuidar da cicatrização do tecido lesado, aplique-lhe ácido diariamente.

É o que fazem os que não perdoam.

Usam o ácido do ressentimento em si mesmos, multiplicando sofrimentos que não renovam, dores que não redimem, mergulhados em conturbação.

Capítulo 11

Após breve viagem, chegaram ao bairro onde residia Hugo, não distante da zona central.

Antônio Carlos viu-se diante de modesta residência, enfeitada por singelo jardim, muito bem cuidado.

– É aqui que moro com minha esposa e minha querida sogra. Gostaria que as conhecesse.

Antônio Carlos relutou, mas, sempre envolvido por Angelina, acabou concordando.

Ajudou Hugo a deixar o automóvel e o acompanhou, entrando na residência.

Ambiente de gente simples.

Na sala de visitas modesta, dois sofás, pequena mesa, um televisor, mas com odor de paz para o olfato da alma, tranquilidade dos lares legitimamente cristãos.

Antônio Carlos sentiu isso, tão logo entrou...

Na parede alguns quadros, crianças sorridentes...

– Filhos?

– Sim, tivemos quatro. Dois faleceram. Um ainda pequeno, doença grave; o outro na adolescência, num acidente. Dois são casados e moram em outra cidade.

– Imagino como é difícil perder um filho...

– Sabe, Antônio Carlos, não gosto de usar esse verbo, em se tratando de familiares que falecem. É carregado de magnetismo negativo. Sugere que fomos lesados, que sofremos algo indevido, que Deus equivocou-se. Prefiro considerar que eles partiram, foram morar em outra cidade, no plano espiritual e que voltaremos a nos reunir quando chegar nossa hora.

– Nunca tinha pensado nisso! De fato, se concebermos a imortalidade da alma, defendida por todas as religiões, não há por que imaginar que perdemos alguém. Apropriado usar o verbo *partir,* mais descontraído, lembra viagem, sem a atmosfera fúnebre imposta pelo verbo *perder.*

– Ou, se queremos *poetizar,* lembremos com Guimarães Rosa que o familiar *encantou-se,* transportado para o Além.

Interrompendo o diálogo, senhora simpática e sorridente veio ter com eles.

Hugo apresentou-a:

– Antônio Carlos, esta é Marina, minha esposa.

– Prazer em conhecê-la, dona Marina.

– Seja bem-vindo à nossa casa, Antônio Carlos. É

uma bênção compartilhar nosso modesto ambiente com visitantes amigos.

E dirigindo-se ao marido:

– Veio cedo, querido. Pensei que fosse demorar. Imaginava a dificuldade com a condução.

– Graças ao Antônio Carlos. Fez algo incrível! Viu-me de muletas à porta do hospital e se propôs a trazer-me até aqui, mesmo sem conhecer-me, sem temer que eu fosse um assaltante disposto a dar-lhe uma *muletada* para roubar seu automóvel e seus pertences. Não vacilou ante a oportunidade de uma boa ação.

– Desculpe a sem-cerimônia, Antônio Carlos – disse Marina, abraçando-o e dando-lhe um beijo. – Deus seja louvado! Há esperança para a Humanidade. Ainda podemos contar com os bons samaritanos!

Antônio Carlos sorriu, lembrando a parábola que ouvira no Centro Espírita.

– Qual nada, dona Marina. Pouco faço. Apenas estou tentando prestar atenção. Aprendi hoje que se mantivermos os olhos bem abertos poderemos ser úteis a muita gente ao nosso redor, onde estivermos.

– É o próprio samaritano! – exultou Marina, dirigindo-se ao marido – Deus o abençoe!

– E dona Lúcia, está bem? – perguntou ele.

– Está ótima, meu querido. E vai gostar de conhecer nosso benfeitor.

Hugo sorriu, dirigindo-se a Antônio Carlos.

– É minha sogra, aquela que não usa vassoura...

– Vassoura?

– Brincadeira nossa, meu bem. Certamente ele terá

prazer em vê-la.

– Sem dúvida! – concordou Antônio Carlos. – Ela mora com vocês?

– Mais exato seria dizer que moramos com ela. A casa é de sua propriedade. Vai gostar de conhecê-la. Mamãe é uma figura, sempre muito animada, embora esteja acamada há algum tempo.

Entrando no quarto, Antônio Carlos deparou-se com uma anciã presa ao leito, expressão terna, a irradiar simpatia.

– Mamãe – apresentou Marina –, este é o Antônio Carlos, que fez a gentileza de dar uma carona para o Hugo.

– Muito prazer, senhor Antônio Carlos. Meu nome é Lúcia. Deus o abençoe pela bondade, afastando-se de seus afazeres para socorrer nosso Hugo. Foi providencial. Estávamos preocupadas com ele.

– Que nada, dona Lúcia. Foi apenas um exercício de gentileza. Creio que é o espírito Natalino que nos predispõe a fazer algo pelo próximo.

– É verdade. Dizem que Jesus está mais perto dos homens no Natal, mas eu diria que são os homens que se aproximam de Jesus, quando se rendem aos impulsos da fraternidade recomendados por nosso Mestre.

– E a senhora?

– Estou bem, meu filho, bem mesmo, embora as limitações atuais. Ouviu falar em esclerose lateral?

– Problema nos músculos?

– Sim, vão se paralisando, mas com a graça de Deus a doença está mais ou menos estabilizada, ainda dá para movimentar-me na cadeira de rodas para alguns afazeres domésticos. Dar ocupação ao corpo ajuda a equilibrar a alma...

Antônio Carlos não conseguia disfarçar a surpresa e a admiração, observando a camaradagem entre os membros daquela família e a disposição em *dar a volta por cima,* em suas dificuldades e limitações, porém não conseguiu furtar-se ao comentário:

– Vida dura, meus amigos!

Hugo sorriu.

– Qual nada, Antônio Carlos, dá para ir levando, com a graça de Deus. Estamos aposentados os três, mas trabalhando sempre, para não enferrujar a alma. Temos um servicinho que executamos em casa. Peças de artesanato que completam o orçamento. Gastamos pouco. Levamos vida modesta.

E em paz! – enfatizou intimamente Antônio Carlos. Era algo que ele não experimentava há meses, desde que se deixara levar pelos *amigos da onça.*

– Tudo bem, meus caros. Fiquei feliz em estar aqui, num lar tão bem ajustado, com gente tão boa. Falo de coração. Porém, devo dizer que é chegado o momento de retirar-me. É tarde...

Atendendo a um impulso (leia-se Angelina), Marina o interrompeu:

– Posso pedir-lhe um favor?

– Claro.

– Eu estava esperando por Hugo para o nosso culto do Evangelho. Hoje é uma data muito importante e gostaria que você participasse...

– Culto do Evangelho?

– Sim, uma pequena reunião em família para conversarmos sobre Jesus. Vamos aprendendo que a melhor maneira de vivenciar o Evangelho é trazer Jesus para o nosso cotidiano, conversando sobre seus ensinamentos e exemplos.

– Desculpem, mas preciso ir.

– Não se preocupe, Antônio Carlos. Apenas alguns minutinhos. Ficaremos muito felizes em contar com sua presença.

– São evangélicos?

– Somos espíritas, agradecidos a Deus pela bênção desse conhecimento maravilhoso que a Doutrina nos oferece. Não fosse pelo Espiritismo e teríamos muita dificuldade em entender as lutas e sofrimentos da existência humana. Conhece os princípios, Antônio Carlos?

– Sim, dona Marina, frequentei durante algum tempo um Centro Espírita.

– Ótimo!

Hugo trouxe pequena jarra com água e iniciou a reunião com breve oração.

Tomou um exemplar de *Fonte Viva*, de Emmanuel, psicografia de Chico Xavier, e informou:

– Considerando que estamos na véspera de Natal, acho oportuna leitura de algo relacionado.

Abriu o livro no capítulo 180 e leu a citação evangélica, em *Lucas, capítulo 2, versículo 14*:

Glória a Deus nas Alturas, paz na Terra e boa vontade para com os homens.

Em seguida, o comentário de Emmanuel:

As legiões angélicas, junto à Manjedoura, anunciando o Grande Renovador, não apresentaram qualquer palavra de violência.

Glória a Deus no Universo Divino. Paz na Terra. Boa vontade para com os Homens.

O Pai Supremo, legando a nova era de segurança e tranquilidade ao mundo, não declarava o Embaixador Celeste investido de poderes para ferir ou destruir.

Nem castigo ao rico avarento.

Nem punição ao pobre desesperado.

Nem desprezo aos fracos.

Nem condenação aos pecadores.

Nem hostilidade para com o fariseu orgulhoso.

Nem anátema contra o gentio inconsciente.

Derramava-se o Tesouro Divino, pelas mãos de Jesus, para o serviço da Boa Vontade.

A justiça do "olho por olho" e do "dente por dente" encontrara, enfim, o Amor disposto à sublime renúncia até à cruz.

Homens e animais, assombrados ante a luz nascente na estrebaria, assinalaram júbilo inexprimível...

Daquele inolvidável momento em diante a Terra se renovaria.

O algoz seria digno de piedade.

O inimigo converter-se-ia em irmão transviado.

O criminoso passaria à condição de doente.

Em Roma, o povo gradativamente extinguiria a

matança nos circos.

Em Sídon, os escravos deixariam de ter os olhos vazados pela crueldade dos senhores.

Em Jerusalém, os enfermos não mais seriam relegados ao abandono nos vales de imundície.

Jesus trazia consigo a mensagem da verdadeira fraternidade e, revelando-a, transitou vitorioso, do berço de palha ao madeiro sanguinolento.

Irmão, que ouves no Natal os ecos suaves do cântico milagroso dos anjos, recorda que o Mestre veio até nós para que nos amemos uns aos outros.

Natal! Boa Nova! Boa Vontade!...

Estendamos a simpatia para com todos e comecemos a viver realmente com Jesus, sob os esplendores de um novo dia.

Inspirado, sob influência de Angelina, Hugo iniciou os comentários:

– A mensagem é bastante clara. Recordo, Antônio Carlos, nossa conversa. O mundo seria bem melhor se as pessoas observassem a proclamação dos anjos. Jesus veio trazer a paz ao Mundo, mas para merecê-la é preciso cultivar a boa vontade, que eu diria é a vontade de ser bom, prestando atenção às carências do próximo. Exatamente o que você fez hoje. Prestou atenção ao homem de muletas parado à frente do hospital e exercitou boa vontade, dando-lhe uma carona.

Antônio Carlos tinha os olhos úmidos, envolvido com a leitura e a doce influência de Angelina, que buscava sensibilizá-lo. Disfarçando a emoção, comentou:

– Por generosidade, você está valorizando meu gesto, mas devo confessar que a leitura fez-me lembrar de minha mãe. Ela era evangélica, dedicada à religião, estudiosa e um coração de ouro. Sempre comentava comigo essa passagem, enfatizando que eu deveria exercitar a boa vontade no trato com as pessoas, e estaria em paz.

– Sua mãe entendeu bem a essência da mensagem, Antônio Carlos. É isso mesmo. Se as pessoas exercitassem a boa vontade o mundo seria um paraíso. O problema é o egoísmo. Quem se orienta por ele não sabe como é bom servir o próximo.

Antônio Carlos suspirou:

– Lamento ter esquecido sua orientação. Minha vida seguiu caminhos diferentes, envolvi-me com a profissão e esqueci que é preciso prestar atenção ao irmão caído na estrada, como ouvi hoje, de alguém que comentava o Evangelho.

Lúcia informou:

– Tenho alguma sensibilidade psíquica, Antônio Carlos, vejo os Espíritos. Você acredita seja possível ou imagina tratar-se de mera fantasia de uma velha esclerosada?

– Acredito sim, dona Lúcia. Sei que os Espíritos que partem podem comunicar-se conosco.

– Sabe quem está ao seu lado?

– Minha mãe? É minha mãe, não é mesmo? – balbuciou emocionado.

– Sim. Ela está radiante por este momento e manda-lhe um recado. Pede para eu dizer-lhe que *tudo vale a pena se a alma não é pequena.*

Antônio Carlos desta feita não conteve as lágrimas, que jorravam abundantes, do fundo de sua alma.

– Ah! Minha mãe! É ela sim! Sempre repetia para mim essa observação de Fernando Pessoa, enfatizando que se pusermos nossa alma, nossas melhores intenções, tudo será importante, mesmo as tarefas mais humildes, mesmo o que nos pareça insignificante. E nunca nos faltará boa vontade para sermos úteis.

– Sua mãe é um Espírito iluminado – disse a anciã com brandura.

– Uma santa! Só Deus sabe a falta que sinto de seu carinho, sua solicitude. Certamente muitas bobagens deixaria de fazer se ela estivesse ao meu lado, orientando-me.

– Nossos amados sempre estão ao nosso lado, meu filho. São anjos tutelares que velam por nós. O problema é que raramente seguimos seus conselhos e apelos que surgem pelos condutos da inspiração.

Retomando o tema da noite, Marina comentou:

– Os comentários de Emmanuel são muito esclarecedores. Contrariam uma tendência atual de acharmos que tudo está cada vez pior, que a Humanidade não tem jeito, que o mal está em expansão.

Há significativa mudança de perspectiva: já não há aplauso para o mal, o vício, o crime...

No passado, o povo gostava de ver os cristãos serem mortos por feras famintas ou transformados em tochas vivas; aplaudiam sangrentas lutas em que gladiadores atracavam-se na arena até a morte.

Era encarada com naturalidade a escravidão, a

exploração dos servidores, as mulheres estupradas, filhos eliminados no nascimento.

Hoje isso tudo desperta indignação.

É um avanço, um grande avanço. Vivemos a aurora de um novo dia para a Humanidade, com os princípios evangélicos tomando corpo entre os homens, influenciando seus costumes, suas leis...

Antônio Carlos admirou-se.

– Nunca tinha pensado nisso. Realmente, no campo das ideias a Humanidade tem evoluído. Como advogado, percebo que grandes mudanças foram feitas em relação aos princípios do Direito. A própria discriminação racial, considerada normal no passado, hoje constitui crime hediondo...

– E para que os problemas mais sérios sejam evitados, falta apenas... – enfatizou Hugo, em deliberada reticência.

– Prestar atenção ao irmão caído na estrada –, completou Antônio Carlos, sorridente.

Marina acentou:

– E cultivando boa-vontade, como enfatizaram os anjos.

Mais alguns minutos transcorreram, com comentários sempre oportunos e edificantes do grupo, após o que Hugo convidou às vibrações em favor da paz e da concórdia entre as criaturas humanas.

Finalizando, pronunciou ardente prece de agradecimento a Jesus pelos benefícios da reunião.

Marina serviu a todos a água que fora deixada à magnetização pelos amigos espirituais.

Antônio Carlos despediu-se.

Abraçou os novos amigos.

Dirigindo-se a Lúcia, falou, tocado de emoção.

– Muito obrigado, dona Lúcia. A senhora proporcionou-me um grande bem! Há muito não tenho uma comemoração natalina tão feliz. Fez-me lembrar dos doces natais ao lado de minha mãe.

– E você também nos fez um enorme bem, meu filho. Ficamos muito felizes. Bom Natal. Jesus o abençoe! Esperamos vê-lo outras vezes.

Hugo o acompanhou até a porta.

– Bem, Antônio Carlos, já sabe o caminho. Apareça. E, uma vez mais, muito obrigado.

– Sou eu quem agradece, meu caro. Recebi aqui muito mais do que lhes ofereci. Haveremos de nos ver outras vezes. Trarei minha esposa para conhecê-los.

– Agradeçamos todos a Deus. *Tudo vale a pena se a alma não é pequena*, como lembrava sua mãezinha, e por pouco que façamos em favor do próximo, as dádivas sempre serão abundantes.

Capítulo 12

O tempo estava mudando.

Céu escuro, ventania forte, anunciando temporal.

Logo São Pedro abriu as comportas do Céu.

Chuva torrencial.

Antônio Carlos dirigia com todo cuidado, não obstante a emoção que o tomara.

A *passageira* Angelina sorria.

O filho estava assimilando bem a mensagem.

Prestar atenção!

Quanta gente para ajudar! Quantas ações em favor do próximo! – pensava ele.

Tudo tão simples... Tão elementar... Um único cuidado: prestar atenção.

Sob inspiração materna, lembrou Jesus: o reino de Deus seria como um grão de mostarda, que, semeado transforma-se numa grande hortaliça.

– O Reino, meu filho, o estado íntimo de paz, consciência tranquila, alegria de viver – dizia Angelina na acústica de sua alma –, está plantado por Deus em nossos corações, como divina semente que germina, desabrocha e cresce dentro de nós, quando prestamos atenção às oportunidades de edificação da jornada humana, marcadas pelo aprendizado incessante e o esforço em favor do próximo.

Embora não fosse médium, Antônio Carlos sentia Angelina a acompanhá-lo, a inspirar-lhe propósitos de renovação, como dissera dona Lúcia.

Podia contemplá-la com os olhos do coração, imagem forte dentro dele, certeza de sua presença.

– Oh! Mamãe, mamãe, que saudade! Perdoe se não tenho sido o filho que você sonhava! Se não dei a devida atenção aos seus sábios conselhos...

Angelina tinha sua mão sobre a cabeça do filho, infundindo-lhe algo de suas energias, transmitindo-lhe sua emoção, seu carinho, em pensamentos que ele recebia pelo correio da afinidade.

– Filho querido, Deus o abençoe. Você tem tarefas muito importantes a desempenhar! É chegado o momento de mudar o rumo de sua existência, superando o acomodamento, voltando-se para os valores espirituais.

Sob influência materna, emergia em sua mente a lembrança de ideais que marcaram seus verdes anos, sob inspiração de compromissos que assumira perante a espiritualidade, antes da presente existência.

Desde muito jovem, sentira grande atração por assuntos relacionados com os direitos humanos.

Lembrava-se da primeira vez que entrara num fórum, menino ainda, acompanhando sua mãe.

Ela fora conversar com um juiz sobre determinada pendência judicial que envolvia uma família assistida pela instituição filantrópica da qual participava.

Essas iniciativas eram bem próprias de sua maneira de ser, sempre ativa, determinada, no esforço do Bem, empenhando-se em favor dos carentes de todos os matizes.

Para sua surpresa, Antônio Carlos sentira-se literalmente *em casa*.

Tudo lhe era familiar, como se transitasse por ambientes iguais àquele havia muito tempo.

A ciência do direito *estava em seu sangue*.

Lembrava-se, em seus estudos da filosofia grega, do parecer de Sócrates, registrado em *Menon,* um dos notáveis diálogos de Platão: Aprender é apenas recordar, exteriorizar algo que dormita no íntimo.

Quando entrou para a Faculdade de Direito, ocorreu o mesmo fenômeno.

Nada lhe era estranho. Parecia que não estava aprendendo... Simplesmente recordava.

Certa feita, tão logo iniciara seus estudos universitários, comparecera a um júri popular.

Um homem estava sendo julgado por dois assassinatos – da esposa e de seu tio.

Como que enlouquecido, matara ambos a golpes

de faca, sem chance de defesa para as vítimas.

Crimes hediondos que chocaram a opinião pública.

Esperava-se a pena máxima para o perverso assassino.

Observando as fotografias dos cadáveres, Antônio Carlos percebeu que se tratava de um crime passional.

Ambos estavam nus.

Certamente, o assassino surpreendera o tio e a esposa na intimidade, em flagrante adultério.

Tomado de indignação, cometera o gesto tresloucado, usando uma faca.

A tese *assassinato sob violenta emoção* não livraria o infeliz da condenação, mas certamente garantiria uma redução da pena.

No entanto, o advogado nomeado pelo juiz no instituto da *justiça gratuita*, já que o réu era um homem pobre, agiu com extrema displicência e ignorou esse detalhe de suma importância.

Resultado previsível: o infeliz criminoso foi condenado à pena máxima.

A partir desse episódio, Antônio Carlos prometeu a si mesmo que jamais deixaria de dar o melhor de si em defesa de uma causa ou de um réu, não importando quais seriam seus honorários, ainda que não viesse a receber absolutamente nada.

Em seus primeiros tempos como advogado, vinculara-se à assistência judicial gratuita, atendendo clientes pobres, defendendo-os com o mesmo ardor, o mesmo empenho que emprestaria a alguém que lhe pagasse polpuda remuneração.

Infelizmente, conforme costuma acontecer frequentemente, acomodara-se, à medida que progredira na profissão.

Deixara-se empolgar por suas conquistas como advogado, prestígio e patrimônio crescendo, a servir aos ricos sem tempo para os pobres, que não mais tinham acesso ao seu gabinete.

Depois viera a bebida.

Em princípio, sem que ele mesmo notasse, era uma fuga, uma tentativa de acalmar a inquietação que crescia nele com o arrefecimento do ideal.

O hábito consolidara-se, a incliná-lo para os lamentáveis desvios do vício.

É lamentável, caro leitor, mas sua distração em relação aos compromissos assumidos na espiritualidade estava mais para regra do que exceção.

Raros cumprem integralmente o que vieram fazer neste planeta de provas e expiações, sob regência do egoísmo.

Mesmo os grandes benfeitores da Humanidade não raro vacilam, não conseguem superar as limitações de seu tempo, do ambiente onde atuam.

Não poucos deixam de cumprir seus projetos, comprometendo a existência e todo um planejamento efetuado na espiritualidade.

Entre o ideal e a realização há a inferioridade humana.

Notamos desvios principalmente no campo político.

Neste particular lembro sempre a revelação feita por Emmanuel, no livro *A Caminho da Luz,* psicografia de Chico Xavier, relacionada com a *Revolução Francesa,* no século XVIII.

Ela representava um grande avanço social, derrubando o absolutismo monárquico, o rei como representante de Deus na Terra, com plenos poderes para decidir os destinos de seus súditos.

No entanto, aquele movimento marcado por ideais de liberdade, igualdade e fraternidade, estava ameaçado pelas monarquias europeias que viam nele uma ameaça aos seus privilégios.

Imperioso que reencarnasse alguém para defender aquelas conquistas.

Segundo Emmanuel, foi escolhido Júlio César, o grande imperador romano, hábil nas articulações políticas e nas artes da guerra.

Reencarnou como Napoleão Bonaparte, que, revivendo sua vocação para o poder, logo alcançou o mandato de supremo administrador francês.

Entretanto, rendendo-se a antigas tendências, deixou-se dominar pela ambição e se fez coroar imperador.

A partir daí, dando curso às suas pretensões imperialistas, precipitou a França em guerras de conquistas, que dizimaram milhões de pessoas, deixando o país em frangalhos.

Quando olho o panorama desolador da política, no Brasil, hoje sinônimo de corrupção, fico imaginando se nossos representantes, em boa parte e em todos os níveis, não procedem das regiões umbralinas.

Seriam, porventura, agentes das sombras para semear a confusão e complicar o futuro de nosso país, com seus desmandos, ambições e desonestidade?

Certamente, não!

Muitos deles frequentaram as universidades do Além, prepararam-se adequadamente na Espiritualidade, porquanto os poderes que nos governam não improvisam.

Isso acontece particularmente por ter sido nosso país agraciado com a proposta de *Pátria do Evangelho, Coração do Mundo*, conforme a informação de Humberto de Campos, no livro homônimo, em psicografia de Francisco Cândido Xavier.

Multidões de alunos egressos das universidades do Além reencarnam no solo brasileiro.

Chegam movidos por sagrados ideais de trabalho em favor de um Brasil missionário, capaz de exportar exemplos de honestidade, justiça e fraternidade, como um imenso foco de luz a espantar as trevas umbralinas, a iluminar o Mundo.

No entanto, isso não tem acontecido com considerável parcela desses representantes do povo.

Empolgados pelo poder, vaidosos de sua posição, ambiciosos, entram por perigosos desvios, deixando prevalecer em seu comportamento tendências não compatíveis com os compromissos assumidos na Espiritualidade.

Na defesa de interesses pessoais, insistem em conjugar o verbo de suas ações na primeira pessoa do singular – eu, servindo a si mesmos – esquecidos de que foram eleitos para exercitar a terceira pessoa do plural – eles, servindo à coletividade.

Falta-lhes, como a todos os que se transviam, aquele *orar e vigiar* a que se referia Jesus, um prestar atenção na nossa vida, buscando manter a sintonia com as esferas de onde viemos, onde planejamos e preparamos a presente existência...

Na verdade, em qualquer setor de atividade, somos todos missionários, temos todos determinados compromissos relacionados com família, profissão, sociedade...

E só poderemos cumprir o que viemos fazer se *prestarmos atenção,* habituando-nos à reflexão, à análise de nosso comportamento, no combate sistemático, incansável, às nossas imperfeições.

Somente assim evitaremos que venha à tona aquele homem velho, a que se referia o apóstolo Paulo, o *homo animalis*, dominado por vícios e mazelas, para facultarmos o nascimento do *homo cristianae*, o legítimo seguidor do Cristo, capaz de vivenciar em plenitude suas lições.

Capítulo 13

Embora o enlevo daquelas reminiscências tão preciosas, sob a inspiração de Angelina, Antônio Carlos cumpria à risca o propósito de prestar atenção.

Foi por estar atento e dirigir com prudência, em meio ao aguaceiro, que conseguiu desviar de perigoso buraco que se abrira à sua frente, ante o impacto violento da enxurrada que descia aos borbotões.

Estacionou logo adiante.

Servindo-se de um guarda-chuva, desceu, postou-se à frente da cratera e começou a sinalizar para que os carros diminuíssem a marcha e desviassem, evitando acidentes.

Logo outro motorista atento estacionou adiante e veio ao seu encontro.

– Há algo que possa fazer? – perguntou.

– Temos que deixar aqui uma sinalização para os motoristas. Enquanto você procura algo, ficarei aqui desviando os automóveis.

Enfrentando a chuva torrencial, o desconhecido de boa vontade entrou num terreno baldio, onde encontrou restos de material de construção. Pegou uma ripa e a fincou no buraco, colocando seu próprio lenço na ponta, como uma bandeira de advertência.

Logo após, Antônio Carlos comentou:

– Creio que precisamos ambos de um café bem quente.

– Será bem-vindo.

– Há um posto de gasolina com uma loja de conveniência a algumas quadras.

* * *

Ao chegarem, o motorista desconhecido fez uma ligação para o setor de emergência da Prefeitura.

Pacientemente, aguardou por um atendente, informou sobre o ocorrido e pediu urgentes providências.

Enquanto esperavam pelo café, apresentaram-se.

– Sou Maurício.

– Sou Antônio Carlos. Quero dar-lhe os parabéns. É raro ver alguém disposto a tomar chuva para atender a uma emergência dessa natureza e dar-se ao trabalho de contatar o órgão responsável.

— Estamos ambos de parabéns, meu caro. Você foi quem parou primeiro e até evitou que eu entrasse no buraco. Na verdade, não posso dizer que houve mérito de minha parte, porquanto ações dessa natureza fazem parte de normas que estou tentando cumprir.

— Orientação de vida?

— Sim, mais exatamente um jogo que aprendi com meu avô.

— Deve ser interessante...

— De muita sabedoria. Era um homem de comportamento irrepreensível, verdadeiro cristão. Sempre me estimulava a viver de forma honesta e digna. Ensinou-me, desde pequeno, que em cada dia temos a oportunidade de uma disputa entre o Bem e o mal, como se fosse um jogo de futebol.

— Boas e más ações...

— Exatamente. Cada erro que cometemos, uma palavra áspera, um gesto indelicado, um palavrão, uma desonestidade, uma mentira, são gols do mal. Por outro lado, estaremos marcando gols para a turma do Bem sempre que exercitarmos os valores do Evangelho, onde, segundo meu avô, está a mais perfeita tática para vencer o oponente, representado pelas más tendências que caracterizam o comportamento humano.

— Você *joga* o tempo todo?

— É o meu empenho, embora não seja fácil pensar e praticar o Bem sem descanso – boas palavras, gestos de solidariedade, paciência diante das contrariedades, oração por alguém, empenho por atender a um necessitado, participação em obras filantrópicas... Há muito a ser feito.

– É bem sugestivo! Nunca tinha pensado no combate ao mal como um jogo. Há uma avaliação de desempenho? Um resultado final? Um vencedor?

– Sim, no final de cada dia faço a contagem dos pontos. O propósito é de sempre melhorar a defesa, marcando o mal com rigor, e melhorar o ataque, aprimorando as técnicas do Bem.

– Como vai o placar?

– No começo o Bem apanhava sempre. Aos poucos fui aprendendo a ser um bom treinador, descobrindo novos talentos nas virtudes do Bem. Agora o placar, com algumas exceções, já que estou longe da santidade, tem sido favorável. E procuro melhorar sempre.

– O Bem está ganhando de goleada?

– Esse é um aspecto que merece cuidado. Meu avô explicava que não é produtiva uma partida em que ambos os times marcam muitos gols, tipo oito a quatro, cinco a três. Tão importante quanto marcar gols é não sofrê-los. Se o Bem vence por cinco a três significa que em três oportunidades fiz o que não devia. O ideal será deixar o mal no zero, fortalecendo sempre a defesa do Bem.

– Até entendo o ponto de vista de seu sábio avô. Uma profusão de gols de ambas as partes seria indesejável convivência entre o Bem e o mal.

– Exatamente

– E quando termina o jogo?

– No sentido relativo, diariamente. No sentido absoluto, só quando morrermos.

– E como faz ao avaliar o resultado diário da *partida*?

– Se o mal vence, penitencio-me, propondo-me a melhorar a defesa. Se vence o Bem, durmo tranquilo.

– E como você favorece o desempenho do Bem?

– Uso também o Evangelho. Tendo as lições de Jesus por parâmetro, avalio, diariamente, meu comportamento e proponho-me a estar atento, prestar atenção às minhas ações, sempre com o objetivo de melhorar.

– Incrível, Maurício, até parece de propósito. Essa história de prestar atenção está martelando meus miolos desde cedo, porém não tinha pensado no assunto como um jogo.

– É o jogo da Vida. Estamos aqui para combater o mal que há em nós, a caminho do Bem. Todos deveriam participar.

– Bem, meu caro, se for estabelecer um placar para os meus dias, certamente o mal estaria ganhando de goleada. Minha defesa é frágil.

– Se você tem consciência disso e sabe que deve mudar, é um bom começo. Prestando atenção, buscando identificar nossas mazelas, teremos melhores chances de superá-las.

– Pelo visto, seu placar hoje será dilatado, em favor do Bem. Em poucos minutos você praticou duas boas ações.

– Sim, porém é preciso considerar que, à medida que nos envolvemos com o jogo, pesam-nos mais os gols do mal do que os marcados pelo Bem. Aborreci-me com um funcionário de minha firma e fui duro com ele.

– Esse é um aspecto interessante – considerou

Antônio Carlos –, a dificuldade que temos em orientar o familiar ou o subalterno em erro, sem cair na agressividade.

– É isso mesmo. Quando colocar a cabeça no travesseiro estou certo de que, ainda que o Bem vença a partida, esse gol do mal imprimirá um *gosto de derrota* ao meu dia.

Despedindo-se, Maurício acentuou:

– Bom Natal para você, Antônio Carlos. Considerando o teor de nossa conversa, desejo-lhe um feliz *prestar atenção*. E se entrar no jogo, que suas defesas sejam firmes contra o hábil time do mal, que tem uma capacidade enorme para infiltrar-se em nós.

– O mesmo lhe desejo, Maurício. Que o Bem vença sempre de goleada em sua existência, sem nenhuma chance para o poderoso opositor.

* * *

Certamente, leitor amigo, não fosse a providencial ação de Antônio Carlos e Maurício, muita gente lamentaria um pneu furado, uma mola quebrada, ou algo pior naquela autêntica armadilha para motoristas distraídos.

Raríssimos se disporiam a fazer o mesmo.

Em sua maioria teríamos:

Motoristas acidentados, porque não prestaram atenção ao buraco aberto na via pública.

Motoristas omissos, que prestam atenção mas se furtam ao dever elementar de colaborar com as autoridades em relação a problemas que surgem, ainda que seja um simples buraco a irromper na via pública.

Fala-se muito em cidadania na atualidade, destacando-se o exercício dos direitos do indivíduo na vida pública.

É preciso ver o outro lado.

Ser cidadão é contribuir para a solução de problemas comunitários, como fizeram Antônio Carlos e Maurício.

É, também, o empenho em não criar embaraços à comunidade.

Se o nosso cachorro faz cocô na calçada do vizinho e não nos apressamos em recolher...

Se jogamos na via pública o papel amassado, a garrafa vazia de bebida, a carteira de cigarros, o bem descartável...

Se não observamos o pedestre tentando atravessar a rua na faixa que deveria garantir-lhe segurança...

Se não respeitamos os espaços de idosos e deficientes físicos, em áreas de estacionamento...

Se dispensamos a nota fiscal em nossas compras, buscando a vantagem desonesta de um abatimento...

Se transitamos pela via pública em automóvel com problemas no escapamento, ferindo ouvidos alheios com barulho ensurdecedor, ou colocamos o som de nosso rádio em altura estratosférica...

Enfim, se não observamos as normas que visam ao bem-estar da comunidade, estamos causando prejuízos ao próximo, com o que nos habilitamos às sanções de nossa própria consciência.

Mais cedo ou mais tarde ela nos cobrará pela desatenção em relação a deveres elementares de convivência social.

Costumamos imaginar os Espíritos que estagiam em regiões umbralinas, conforme as narrativas de André Luiz, na psicografia de Francisco Cândico Xavier, como criminosos que praticaram o mal, mataram muita gente, cultivaram vícios, comprometeram-se na desonestidade.

Falta incluir aqueles que ignoram comezinhos deveres de cidadania, desrespeitando o ambiente em que vivem e causando prejuízos ao próximo.

No livro *Obras Póstumas,* Allan Kardec transcreve instrutiva mensagem de um ancião desencarnado que se dirige à sua neta, lamentando o tempo perdido na Terra.

A neta estranha.

– Vovô, o senhor não foi um homem honesto, cumpridor de seus deveres?

– Minha querida neta – respondeu ele, – não basta ser honesto aos olhos dos homens. É preciso ser honesto aos olhos de Deus.

Ser honesto aos olhos dos homens é pagar as contas em dia, não ter títulos protestados, nem o nome no Serasa.

Para ser honesto diante de Deus é preciso bem mais que isso, exercitando em plenitude o Amor, lei suprema de Deus, que manda *prestemos atenção ao irmão caído na estrada,* sempre dispostos a servir, a algo fazer pelo próximo, seja no lar, na rua, no local de trabalho, no templo religioso, na sociedade...

Capítulo 14

Aproveitando o fato de estar no posto de gasolina, Antônio Carlos resolveu abastecer seu automóvel.

Manobrou e estacionou junto à bomba de combustível.

Sob a influência de Angelina, a reiterar o *prestar atenção*, percebeu que o frentista que o atendia estava com expressão abatida e triste.

Parecia prestes a irromper em lágrimas. Certamente algum problema lhe consumia o ânimo.

Estimulado pela doce influência materna, Antônio Carlos entabulou conversa.

— Muito serviço hoje?

— Sim, doutor! Não paramos um minuto! Amanhã o posto não abre.

– Você não parece feliz...

– São problemas...

Olhos umedecidos por lágrimas que não chegavam a cair, reiterou:

– Problemas, doutor! E logo hoje com tanta gente feliz, comemorando...

– Posso ajudar?

– Agradeço sua atenção, mas creio que não poderá fazer nada por mim.

– O que houve?

– É meu filho, doutor. Ele se envolveu numa briga e está preso.

– Se foi um simples desentendimento...

– O problema é que ele machucou uma pessoa. Justo na véspera de Natal acontece essa desgraça! Minha esposa está desesperada! Não consegue admitir a ideia de que o filho vai passar o Natal na prisão.

– Ele tem antecedentes?

– Não senhor, nunca foi preso. Carlito é um menino bom, esforçado e trabalhador. Jamais nos deu problemas. Isso é o que mais me dói. Ele não merece estar preso. Tanto bandido solto por aí e vão prender um moço honesto, cumpridor de seus deveres, que não faz mal a ninguém.

– A vítima está muito machucada?

– Não. Soubemos que nem foi necessária a internação. Houve apenas o atendimento no pronto-socorro.

– Se não há antecedentes de seu filho, nem danos maiores no agredido, não há por que retê-lo na prisão.

– O senhor sabe como são as coisas. Somos pobres, não temos advogado.

– Você acaba de contratar um. Sou advogado.

– Ah! doutor, agradeço, mas não tenho com que lhe pagar.

– E quem pediu pagamento?

Os olhos do frentista refletiram o brilho da esperança.

– O senhor vai nos ajudar, doutor, de verdade? Em plena véspera de Natal?

Antônio Carlos sorriu.

– Ora, meu caro, para que serve o Natal? Não é para nos inspirar gestos de solidariedade?

– Deus o abençoe, doutor!

– Como é seu nome?

– Juvenal.

– Tudo bem, Juvenal. Vamos até a delegacia.

– Há outro problema, doutor. Não posso sair agora.

– Fique tranquilo, darei um jeito.

Antônio Carlos foi até o escritório e cumprimentou o gerente, um senhor de aparência simpática:

– Boa-noite!

– Boa-noite!

– Quero pedir sua autorização para atender a um problema particular do Juvenal, um de seus funcionários.

– Se estiver ao meu alcance...

– Ele precisa sair comigo.

– Infelizmente não será possível.

– Será rápido.

– Lamento, mas estamos com um movimento intenso, como pode ver.

– O senhor tem filhos?

– Sim, três.

– Se soubesse que um filho seu foi preso, continuaria seu trabalho normalmente?

– Não estou entendendo...

– É exatamente esse o problema do Juvenal. Um filho seu envolveu-se numa briga e está preso.

– Bem, se é assim...

– Prometo-lhe que o trarei de volta o mais rápido possível.

Obtida a autorização, Antônio Carlos, *atento ao irmão caído na estrada*, saiu com Juvenal, em direção à delegacia onde seu filho estava detido.

* * *

Durante o trajeto, procurou informar-se:

– Diga-me, Juvenal, o que faz seu filho?

– Carlito é maior de idade, tem dezoito anos. Está trabalhando e estudando. Pretende cursar uma faculdade. Como lhe disse é um menino bom, ajuizado, trabalhador e estudioso.

– O que aconteceu?

– Ele estava com a namorada numa lanchonete quando um rapaz mexeu com ela, insistentemente. Estava alcoolizado e agia de forma inconveniente. Carlito acabou atracando-se com ele, machucando-o.

– Não foi tomada nenhuma providência?

– Estive na delegacia conversando com o delegado. Foi irredutível. Carlito vai passar o Natal na cadeia.

– Como está a vítima?

– Procurei informar-me. Está em sua casa.

– Menos mal, não foi tão sério. Mais um motivo para relaxar a prisão. Ou esse delegado não entende nada de Direito ou tem alguma razão oculta.

Na delegacia o ambiente estava tranquilo, pouca gente.

Os criminosos, aparentemente, também prestavam reverência ao sagrado nascimento de Jesus, em trégua espontânea na sua *atividade profissional.*

Antônio Carlos procurou policial de plantão.

Explicou o motivo de sua presença e pediu para falar com o delegado.

Minutos depois entrava no gabinete, acompanhado por Juvenal.

O delegado certamente não estava imbuído do espírito natalino.

Expressão sombria, mal respondeu ao cumprimento de Antônio Carlos, que explicou que estava ali como advogado do rapaz detido naquela delegacia.

O delegado, reticente, adiantou:

– Infelizmente não posso liberar o elemento sob meus cuidados, conforme sua intenção.

– Não entendo. A lei é clara. Se não há antecedentes nem crime grave, não há por que manter o rapaz detido, a não ser que tenha ocorrido algo que desconheço.

O delegado estava visivelmente incomodado.

– Bem doutor, a esse respeito vamos conversar em particular...

– Não há por que esconder nada de meu acompanhante. É o pai do acusado.

– Sim, mas insisto que o assunto é sigiloso.

Juvenal, humildemente, interferiu, procurando evitar problemas.

– Tudo bem, doutor Antônio Carlos, esperarei do lado de fora.

A sós, o delegado segredou:

– O rapaz agredido é filho de um desembargador. Ele me solicitou que retenha o rapaz o máximo possível para dar-lhe uma lição.

Antônio Carlos irritou-se profundamente ante aquela afronta a comezinhos princípios de justiça, principalmente por partir de seus representantes.

Procurando conter a indignação, pediu:

– Gostaria de ver uma cópia dessa solicitação do excelentíssimo senhor desembargador.

O delegado empalideceu.

– Não tenho nenhum documento. Foi um pedido verbal, por telefone.

– E o senhor retém um preso indevidamente por solicitação informal de um desembargador, contrariando a lei? Sem nenhum documento que o isente?

– Estou apenas cumprindo ordens...

– Pois, se não soltá-lo imediatamente, procurarei a imprensa. Será um prato cheio, não acha?

– O senhor coloca-me em situação difícil.

— Mais difícil ficará se não o liberar.

Dos males, o menor, considerou intimamente o delegado que, relutante, cumpriu a lei e providenciou a liberação do preso.

Carlito, em lágrimas, abraçou Juvenal.

— Graças a Deus, pai, você conseguiu minha liberdade. A prisão é terrível! Numa cela para cinco prisioneiros éramos dezenove.

— Agradeça também ao doutor Antônio Carlos, meu filho. É graças a ele que você vai passar o Natal em casa.

Saíram da delegacia e tomaram o automóvel.

Pouco depois Antônio Carlos os deixava no posto de gasolina.

Juvenal abraçou-o, emocionado:

— Deus lhe pague, doutor. Não sabe o bem que nos fez.

— Ora, Juvenal, não foi nada.

— Foi muito, sim. Jamais poderia imaginar que alguém, em plena véspera de Natal se dispusesse a perder tempo para nos ajudar.

— O Natal tem dessas coisas, Juvenal. Ajuda-nos a prestar atenção. E fica tudo mais fácil!

— Minha esposa ficará no Céu. Vai incluí-lo em suas orações para sempre!

— Sempre é muito tempo, Juvenal. Algumas vezes será o suficiente. Estou precisando...

— Posso lhe pedir mais uma coisa, doutor?

— Se estiver ao meu alcance.

— Graças ao senhor, vamos ter nossa ceia de Natal

em família. Será por volta de meia-noite. Ficaríamos felizes se pudéssemos contar com sua presença.

Antônio Carlos sensibilizou-se, constatando, uma vez mais, como era fácil fazer bons amigos, simplesmente *prestando atenção ao irmão caído na estrada.*

– Obrigado, Juvenal. Teria prazer em comparecer, mas tenho compromisso com a família.

E despedindo-se:

– Feliz Natal, Juvenal.

– Feliz Natal, doutor! Deus o abençoe!

Capítulo 15

Antônio Carlos deu partida no automóvel e deixou o posto de gasolina, sempre acompanhado da celeste passageira.

Angelina regozijava-se com o comportamento do filho, que recebera de bom grado sua influência benéfica, a repercutir em suas iniciativas.

A estreita ligação afetiva entre ambos, somada à grandeza espiritual de Angelina, foram decisivas naquela abençoada mudança de comportamento do filho amado, que reencontrava algo dos princípios que alimentara ao reencarnar, marcados pelo ideal de uma existência dedicada ao Bem e à Verdade.

Até então, amigos espirituais haviam se aproximado

dele, reiterando apelos para que recuasse daquele caminho de sombras projetadas pelo alcoolismo, povoado de viciados do Além, a exercerem sua influência perniciosa, a estimular-lhe o desregramento.

Esforço vão, já que, como todos aqueles que seguem por desvios de comportamento, ele dava mais atenção aos seus parceiros invisíveis.

Com Angelina fora diferente, porquanto o amor sempre tem passagem livre entre as sombras, e acesso aos corações mais impermeáveis.

O carinho que ele devotava à mãezinha querida estabelecia o elo de contato, a porta pela qual Angelina penetrava em seu íntimo, despertando-lhe a consciência.

O amor triunfava mais uma vez sobre as sombras.

Antônio Carlos não constituía uma exceção.

Todos temos, nos planos mais altos da Espiritualidade almas afins, ligadas ao nosso coração por sagrados laços de afetividade, que velam por nós, que nos procuram, que nos alertam quando enveredamos por desvios em relação aos objetivos e metas traçados por nós ou por nossos mentores, quando reencarnamos.

Se você se der ao trabalho de avaliar seus estados de ânimo, suas ideias ao longo da existência, há de perceber, leitor amigo, que sempre repercutiu na acústica de sua alma, na intimidade da consciência, o apelo dessas almas enobrecidas para evitar uma decisão equivocada ou para retornar ao caminho reto após um desvio.

E se não houve mudanças significativas, se você seguiu por caminhos tortuosos, talvez tenha sido por não prestar atenção ao *apelo de dentro*, deixando que o *barulho de fora* prevalecesse.

Felizes os que se dão ao trabalho de pensar sua vida com frequência, principalmente nos momentos mais significativos, cultivando a reflexão e prestando atenção aos ditames da própria consciência.

* * *

Num semáforo de tempo mais demorado, Antônio Carlos deparou-se com improvisado artista.

Um jovem aproveitava a parada obrigatória para exibir suas habilidades com várias bolas que jogava e apanhava, sucessivamente.

Buscava conquistar a atenção dos motoristas com o propósito de receber singela recompensa pelo elementar número circense que, diga-se de passagem, executava com a maestria dos que se dedicam intensamente a uma atividade.

Antônio Carlos sempre encarara com enfado e total desinteresse aquelas apresentações.

Simplesmente ignorava os *artistas* que passavam pelos carros esperando por uma contribuição.

Jamais cogitara de que eram pessoas que tentavam ganhar a vida honestamente, à falta de algo melhor, mais compensador a fazer.

Agora, prestando atenção, considerou como eram importantes para aquele improvisado malabarista os poucos trocados que recebia.

E merecidos!

Apanhou sua carteira e, quando o rapaz passou ao seu lado, fez um movimento com a mão, retendo-o para dizer-lhe:

– Foi um lindo espetáculo. Você é um verdadeiro artista. Parabéns!

O rapaz sorriu, feliz com aquele elogio que raramente ouvia de seus compulsórios espectadores.

Antônio Carlos esticou o braço fora do carro, oferecendo sua contribuição.

O rapaz olhou assombrado para a nota de cinquenta reais.

Mal podia acreditar!

Jamais alguém fora tão generoso!

Seus olhos brilhavam, ao dizer:

– Obrigado, senhor! Deus lhe pague! Feliz Natal!

– Feliz Natal para você também, meu jovem. Deus o abençoe!

Emocionado e feliz, o *artista* afastou-se.

Não importariam naquela noite o descaso da maioria dos motoristas que mantinham o vidro fechado, ignorando-o quando passava para a coleta de contribuições.

Alguém prestara atenção ao seu trabalho, reconhecera seu valor.

Mais do que o dinheiro, a manifestação de Antônio Carlos iluminara sua noite!

As palavras são instrumentos poderosos.

Com elas podemos clarear ou escurecer.

O reconhecimento de um benefício, o elogio sincero, o estímulo para uma tarefa, o destaque de uma virtude, são recursos mágicos capazes de iluminar o caminho dos que nos rodeiam.

Para tanto é preciso apenas, meu caro leitor, *prestar atenção* ao que está acontecendo ao nosso redor, cogitando do que devemos dizer ao nosso irmão.

* * *

O homem é um sonâmbulo que fala e ouve, dopado pelo egoísmo, que o leva a considerar apenas suas necessidades e interesses.

Nos estágios inferiores, quando éramos apenas um princípio espiritual em evolução, guiados pelo instinto, o egoísmo nos foi útil, em favor da própria sobrevivência.

Os seres primários, no reino vegetal e animal, vivem em função de si mesmos, empenhados em sobreviver e em garantir a continuidade de sua espécie.

Esse egocentrismo, que nos ajudou no passado, é o nosso entrave no presente.

Imaginemos um barco com o qual atravessamos uma região pantanosa.

Ele é extremamente útil, indispensável mesmo, mas até o momento em que chegamos à terra firme.

A partir daí, o barco vai nos atrapalhar.

Não podemos carregá-lo sobre os ombros.

Assim acontece com o egoísmo.

Ajudou-nos no passado.

Atrapalha-nos no presente.

Para deixá-lo é preciso acordar, despertar para a vida, prestar atenção, olhar em torno.

Atentar às nossas fraquezas, aos nossos impulsos

inferiores, aprendendo a contê-los.

E prestar atenção aos benefícios que possamos oferecer ao próximo. Essa é a melhor maneira de vencer esse egocentrismo que marca nosso comportamento, mais perto da animalidade do que da angelitude, mais perto do início do que do fim.

Os grandes benfeitores da Humanidade distinguiram-se pela capacidade de prestar atenção ao irmão caído na estrada, com a disposição de ampará-lo.

Por isso, Francisco de Assis, que entendia do assunto, orava dizendo:

Senhor, fazei-me instrumento de Vossa paz.
Onde haja ódio, consenti que eu semeie amor.
Perdão, onde haja injúria.
Fé, onde haja dúvida.
Esperança, onde haja desespero.
Luz, onde haja escuridão.
Alegria, onde haja tristeza.

Oh! Divino Mestre!
Permiti que eu não procure tanto ser consolado,
quanto consolar.
Ser compreendido, quanto compreender.
Ser amado, quanto amar.

Porque é dando que recebemos.
Perdoando que somos perdoados.
E é morrendo que nascemos para a Vida Eterna.

Capítulo 16

Colocando o carro em movimento, Antônio Carlos deu-se conta de que algo verdadeiramente assombroso, incrível, fantástico, acontecera!

Há cinco horas, desde que socorrera a jovem Maria do Carmo, no viaduto, esquecera a vodca.

E o mais importante – não sentia falta!

Desaparecera aquela premência de beber, aquela secura na garganta a refletir a influência de viciados do Além, sequiosos de *compartilhar* a bebida.

A ideia de procurar um bar evaporara-se desde o momento em que se dispusera a empregar seu tempo no empenho de servir o próximo.

Então, o segredo para todos os males era esse!

Prestar atenção ao irmão caído na estrada, como fizera o samaritano na inesquecível parábola evangélica.

Ver o próximo, sentir suas necessidades, suas carências, fazer algo por ele!

Antônio Carlos acabara de descobrir o grande recurso para vencer qualquer vício, para superar qualquer problema, para viver em paz – estar atento ao Bem que possamos praticar ao semelhante.

O exercício de boas ações, os gols abençoados a que se referia Maurício, constituem o mais seguro recurso para que possamos vencer não apenas o vício, mas, também, as perturbações, os estados depressivos, as angústias existenciais, as dores e problemas do dia-a-dia.

Isso não é novidade.

Há dois mil anos Jesus já explicava que o caminho da felicidade e das mais sagradas realizações da alma humana é fazer pelo próximo todo o bem que desejaríamos receber.

Geralmente, ante os contratempos e dores da existência, as pessoas procuram Deus, em orações, presença nas igrejas, culto exterior...

Ainda não perceberam que a ponte para Deus é o próximo.

Mãos estendidas em favor dos necessitados e infelizes de todos os matizes são antenas que estendemos para a sintonia com as fontes da vida, para a comunhão com Deus.

* * *

O Centro Espírita Amor e Caridade, em Bauru, do qual participo desde os verdes anos, mantém inúmeros departamentos de assistência e promoção social.

Creche, albergue, núcleos de atendimento familiar na periferia, casas de sopa, grupos de assistência a hospitais, cursos para gestantes, cursos profissionalizantes variados...

E há os serviços doutrinários – reuniões públicas, palestras, passes magnéticos, desenvolvimento mediúnico, biblioteca, livraria, editora, programa de rádio, *site*, *radioweb*, jornal, cursos...

Tendo em vista a importância do intercâmbio com o Além, porta pela qual o Espiritismo entrou no Mundo, o Centro tem atualmente oitenta e um grupos mediúnicos, oferecendo aos participantes abençoadas oportunidades de estudos específicos, contato com a espiritualidade, atendimento a Espíritos sofredores, receituário, desobsessão...

Todos esses serviços congregam centenas de voluntários que emprestam seu concurso para beneficiar milhares de carentes do corpo e do espírito.

É comum ouvirmos depoimentos assim:

– Minha vida mudou depois que comecei a participar das atividades do CEAC. Sempre fui de reclamar bastante de meus problemas, às voltas com desajustes físicos e psíquicos. Hoje sou outra pessoa. O contato com tanta gente praticamente excluída da sociedade fez-me sentir que a minha vida é muito boa, comparada com irmãos em penúria.

E não é simplesmente um jogo de Poliana, amigo

leitor – a ideia de que podia ser pior –, para que nos sintamos melhor.

É o benefício da mudança de sintonia.

Quando buscamos fazer algo por nossa comunidade e pelo próximo, melhoramos o padrão vibratório e passamos a sintonizar com o Bem, da mesma forma que preocupações egoísticas nos fazem sintonizar com o mal.

O grande recurso, hoje e sempre, é *prestar atenção ao irmão caído na estrada*, guardando a disposição de servir onde estivermos, no lar, na rua, na atividade profissional, no culto religioso, mãos estendidas ao esforço do Bem.

* * *

Há quem pergunte como um Centro Espírita consegue congregar tantos voluntários.

Será a população de Bauru mais generosa do que as demais?

Negativo!

Não há nada de diferente no bauruense ou no filho de outras cidades.

A diferença está no enfoque.

Nas palestras doutrinárias, no atendimento fraterno, nos cursos, nos programas radiofônicos, no jornal, sempre a mesma tônica:

É preciso fazer algo pelo próximo.

É preciso sair da zona de conforto, usar parte de nossas horas no empenho de servir!

E isso não simplesmente em favor do próximo, mas

em nosso próprio benefício. Se a felicidade do Céu, como dizem os mentores espirituais, é socorrer a infelicidade da Terra, diremos que somente quando estivermos dispostos a socorrer a infelicidade da Terra é que estaremos a caminho da felicidade do Céu.

Capítulo 17

Antônio Carlos sentia-se leve, sereno, num maravilhoso bem-estar que há meses não experimentava.

Voltou a chover, chuva fina, tranquila, fonte do céu a abençoar a Terra.

Ligou o rádio.

Alguém cantava *Além do Arco-íris,* música americana que consagrara a cantora e atriz Judy Garland, em *O mágico de Oz,* um clássico do cinema americano.

Certa vez eu ouvi alguém contar
Que além, sobre o arco-íris, há um lugar,
Onde o céu sempre azul nos faz sonhar
E onde a gente consegue os sonhos realizar.

Por isso quando a chuva
Tamborila na vidraça da janela,
Eu olho o arco-íris na esperança
De encontrar a região tão bela,
Onde o céu sempre azul nos faz sonhar,
Onde a gente consegue os sonhos realizar.

Incrível! – balbuciou Antônio Carlos, emocionado.

Os acontecimentos sucediam-se como numa orquestração divina, a tocar-lhe as fibras mais sensíveis, convocando-o à renovação.

Aquela música era a preferida de Angelina, que sempre a entoava baixinho, como canção de ninar em sua infância.

Na adolescência ele a acompanhava, empolgado pela ideia daqueles sonhos além do arco-íris.

Lembrava bem de suas ponderações, evocando o simbolismo da letra:

– Há na intimidade de nosso ser, querido, um recanto divino, que nosso Pai Celestial preparou para nós, onde nossos sonhos mais sublimes, relacionados com uma existência honesta, tranquila e feliz, realizam-se em plenitude. O arco-íris, com suas cores luminosas, é o aceno de Deus, para que entremos pelas portas abençoadas da vivência evangélica. Em Jesus está o acesso a esse maravilhoso mundo interior, onde o céu é sempre azul e a alma está sempre em paz.

Ao seu lado naquele momento, Angelina fundia os próprios pensamentos aos pensamentos do filho, exortando:

– Busquemos, filho amado, o arco-íris, nas asas do ideal evangélico, para entrar na região sublime, onde o Senhor nos aguarda. E lembre-se de que a vivência do ideal cristão exprime-se no empenho por *socorrer o irmão caído na estrada*.

A fonte das lágrimas voltava a jorrar dos olhos de Antônio Carlos, lágrimas abençoadas de emoção, de alguém que experimentava uma ressurreição.

Um autêntico ressuscitar daqueles ideais sagrados que Angelina semeara em seu coração, o resgate de sua alma.

* * *

Chegando ao lar, Antônio Carlos barbeou-se, tomou rápido banho e vestiu-se com esmero.

Decidira ir à casa da sogra.

Não haveria problemas com as bebidas alcoólicas.

Estava certo de que nunca mais se envolveria com elas.

Capítulo 18

Estela passara a tarde ajudando no preparo para a ceia natalina, mas sem desligar-se de Antônio Carlos.

Preocupava-se com sua ausência.

Torcia para que ele mudasse de ideia e se decidisse a comparecer.

– Afinal – perguntou-lhe Neusa, em dado momento –, por que meu genro não chegou ainda?

Estela nada dissera à sua mãe, guardando a esperança de que o marido comparecesse.

Relutava em dizer-lhe a razão de sua ausência.

– Ele foi a uma confraternização no escritório. Provavelmente ainda não terminou.

– Até agora, minha filha? São vinte e três horas. Já

vamos iniciar a ceia. Por que não lhe telefona?

– O telefone dele está com problema – explicou, reticenciosa, em constrangedora mentira.

– Bem, esperaremos mais um pouco. O pessoal está faminto.

* * *

Às vinte e três horas e trinta minutos sentaram-se à mesa Neusa, o marido, filhos, genros, noras, netos, família grande, animada, pessoal conversador...

Apenas Estela mantinha-se silenciosa e nostálgica, sem trair a preocupação.

Estava perdendo a esperança.

Provavelmente Antônio Carlos ficara até tarde bebendo no bar com os amigos, como já acontecera em inúmeras oportunidades.

Nem estaria em condições de comparecer.

Sua ausência naquele dia tão significativo sinalizava que o problema era maior do que imaginara.

Sentia que estava perdendo o marido. Não podia nem imaginar semelhante tragédia. Era o homem de sua vida, seu apoio, sua bênção, seu amor imortal!

Todos perguntavam por Antônio Carlos, presença marcante nas reuniões familiares.

Ela simplesmente não sabia o que dizer, respondendo com evasivas...

Sentindo imensa angústia, afastou-se e entrou num dos quartos da casa materna. As lágrimas insistiam em aflorar em seus olhos, não obstante o empenho por contê-las.

O RESGATE DE UMA ALMA

Orou com todas as forças de sua alma, pedindo ajuda a alguém especial, a única pessoa que poderia convencer Antônio Carlos a participar da ceia natalina.

Era Angelina, sua sogra muito amada, que sempre exercera benéfica influência em seu lar, amiga, conciliadora, uma segunda mãe.

– Ah! Dona Angelina. A senhora que era capaz de resolver as situações mais difíceis simplesmente exercitando sua bondade, ajude-nos! Por misericórdia, traga meu Antônio Carlos de volta! A vida perde a graça sem ele. Não sei o que será de mim!

Respondendo à sua evocação, Angelina fez-se presente, abraçando-a carinhosa, a dizer-lhe pelos condutos da inspiração:

– Fique tranquila, minha filha. Nosso Antônio Carlos está de volta. Louvado seja Jesus!

Estela captou, na acústica da alma, a manifestação de Angelina, acalmando suas inquietações.

* * *

Retornava à mesa natalina quando soou a campainha.

Esperançosa, abriu a porta.

Logo se decepcionou.

Era apenas um motoqueiro que viera trazer um medicamento solicitado.

Ao retornar ao interior da casa, a fim de identificar quem fizera o pedido, alguém tocou seu ombro.

153

Voltou-se.

Ah! Divina surpresa!

Viu-se diante de Antônio Carlos, belo, elegantemente vestido, sorridente, feliz...

Notou que seus olhos estavam brilhantes, tomados por lágrimas que não chegavam a cair.

Emocionado, balbuciou:

– Feliz Natal, meu amor!

Aquele *meu amor* soava como música celeste em seus ouvidos.

Sem conter as lágrimas, respondeu:

– Feliz Natal, querido.

Abraçaram-se, abraço apertado, como nos melhores tempos de casamento.

Seguiu-se um beijo que, mais do que unir seus lábios, parecia fundir suas almas, numa manifestação sublime de carinho que só o amor verdadeiro pode inspirar.

Neusa aproximara-se.

– Meu Deus! Até parece que não se veem há meses!

Não sabia que estava enunciando uma meia verdade.

Mal se falavam ultimamente, à medida que Antônio Carlos deixara-se seduzir pelos falsos amigos da Terra e pelos viciados do Além.

Estela parecia estar vendo um fantasma, o fantasma daquele companheiro amado, alegre, extrovertido, que se distanciara da família a partir do momento em que entrara pelo terreno pantanoso do álcool, envolvido pelos *amigos da onça*.

E o melhor: estava sóbrio, hálito puro! Sua alegria não era sustentada por libações alcoólicas.

Afastando-se, olhou fundo em seus olhos e perguntou-lhe, curiosa e feliz:

– Ah! Meu querido! Que surpresa! Voltou meu Antônio Carlos, o homem maravilhoso com quem decidi passar o resto de meus dias?

– Sim, meu bem, voltei.

Buscando conter a emoção incontida que crescia dentro dele, acentuou:

– Saí do inferno em que mergulhei voluntáriamente.

– Um milagre de Natal?

– Em parte sim, amor. Há sempre uma inspiração do Natal em nossos melhores sentimentos. Foi algo simples, muito simples mesmo. Aprendi que é preciso prestar atenção.

– Prestar atenção?

– Sim, depois lhe explico.

Abraçaram-se novamente, eufóricos, enquanto Antônio Carlos pedia a Jesus abençoasse aquele maravilhoso pregador espírita que lhe ensinara o essencial:

– É preciso *prestar atenção ao irmão caído na estrada.*

BIBLIOGRAFIA DO AUTOR

01 – PARA VIVER A GRANDE MENSAGEM　　1969
Crônicas e histórias.
Ênfase para o tema Mediunidade.
Editora: FEB

02 – TEMAS DE HOJE, PROBLEMAS DE SEMPRE　1973
Assuntos de atualidade.
Editora: Correio Fraterno do ABC

03 – A VOZ DO MONTE　　1980
Comentários sobre "O Sermão da Montanha".
Editora: FEB

04 – ATRAVESSANDO A RUA　　1985
Histórias.
Editora: IDE

05 – EM BUSCA DO HOMEM NOVO　　1986
Parceria com Sérgio Lourenço
e Therezinha Oliveira.
Comentários evangélicos e temas de atualidade.
Editora: EME

06 – ENDEREÇO CERTO　　1987
Histórias.
Editora: IDE

07 – QUEM TEM MEDO DA MORTE?　　1987
Noções sobre a morte e a vida espiritual.
Editora: CEAC

08 – A CONSTITUIÇÃO DIVINA   1988
Comentários em torno de "As Leis Morais",
3ª parte de O Livro dos Espíritos.
Editora: CEAC

09 – UMA RAZÃO PARA VIVER   1989
Iniciação espírita.
Editora: CEAC

10 – UM JEITO DE SER FELIZ   1990
Comentários em torno de
"Esperanças e Consolações",
4ª parte de O Livro dos Espíritos.
Editora: CEAC

11 – ENCONTROS E DESENCONTROS   1991
Histórias.
Editora: CEAC

12 – QUEM TEM MEDO DOS ESPÍRITOS?   1992
Comentários em torno de "Do Mundo Espírita e
dos Espíritos", 2ª parte de O Livro dos Espíritos.
Editora: CEAC

13 – A FORÇA DAS IDEIAS   1993
Pinga-fogo literário sobre temas de atualidade.
Editora: O Clarim

14 – QUEM TEM MEDO DA OBSESSÃO?   1993
Estudo sobre influências espirituais.
Editora: CEAC

15 – VIVER EM PLENITUDE   1994

*Comentários em torno de "Do Mundo Espírita e
dos Espíritos", 2ª parte de* O Livro dos Espíritos.
Sequência de Quem Tem Medo dos Espíritos?
Editora: CEAC

16 – VENCENDO A MORTE E A OBSESSÃO   1994

Composto a partir dos textos de Quem Tem Medo
da Morte? *e* Quem Tem Medo da Obsessão?
Editora: Pensamento

17 – TEMPO DE DESPERTAR   1995

Dissertações e histórias sobre temas de atualidade.
Editora: FEESP

18 – NÃO PISE NA BOLA   1995

Bate-papo com jovens.
Editora: O Clarim

19 – A PRESENÇA DE DEUS   1995

*Comentários em torno de "Das Causas Primárias",
1ª parte de* O Livro dos Espíritos.
Editora: CEAC

20 – FUGINDO DA PRISÃO   1996

Roteiro para a liberdade interior.
Editora: CEAC

21 – O VASO DE PORCELANA   1996

*Romance sobre problemas existenciais, envolvendo
família, namoro, casamento, obsessão, paixões...*
Editora: CEAC

22 – O CÉU AO NOSSO ALCANCE 1997

Histórias sobre "O Sermão da Montanha".

Editora: CEAC

23 – PAZ NA TERRA 1997

Vida de Jesus – nascimento ao início do apostolado.

Editora: CEAC

24– ESPIRITISMO, UMA NOVA ERA 1998

Iniciação Espírita.

Editora: FEB

25 – O DESTINO EM SUAS MÃOS 1998

Histórias e dissertações sobre temas de atualidade.

Editora: CEAC

26 – LEVANTA-TE! 1999

Vida de Jesus – primeiro ano de apostolado.

Editora: CEAC

27 – LUZES NO CAMINHO 1999

Histórias da História, à luz do Espiritismo.

Editora: CEAC

28 – TUA FÉ TE SALVOU! 2000

Vida de Jesus – segundo ano de apostolado.

Editora: CEAC

29 – REENCARNAÇÃO, TUDO O QUE VOCÊ PRECISA SABER 2000

Perguntas e respostas sobre a reencarnação.

Editora: CEAC

30 – NÃO PEQUES MAIS! 2001

Vida de Jesus – terceiro ano de apostolado.
Editora: CEAC

31 – PARA RIR E REFLETIR 2001

Histórias bem-humoradas, analisadas à luz da
Doutrina Espírita.
Editora: CEAC

32 – SETENTA VEZES SETE 2002

Vida de Jesus – últimos tempos de apostolado.
Editora: CEAC

33 – MEDIUNIDADE, TUDO O QUE VOCÊ PRECISA SABER 2002

Perguntas e respostas sobre mediunidade.
Editora: CEAC

34 – ANTES QUE O GALO CANTE 2003

Vida de Jesus – o Drama do Calvário.
Editora: CEAC

35 – ABAIXO A DEPRESSÃO! 2003

Profilaxia dos estados depressivos.
Editora: CEAC

36 – HISTÓRIAS QUE TRAZEM FELICIDADE 2004

Parábolas evangélicas, à luz do Espiritismo.
Editora: CEAC

37 – ESPIRITISMO, TUDO O QUE VOCÊ PRECISA SABER 2004

Perguntas e respostas sobre a Doutrina Espírita.

Editora: CEAC

38 – MAIS HISTÓRIAS QUE TRAZEM FELICIDADE 2005

Parábolas evangélicas, à luz do Espiritismo.

Editora: CEAC

39 – RINDO E REFLETINDO COM CHICO XAVIER 2005

Reflexões em torno de frases e episódios
bem-humorados do grande médium.

Editora: CEAC

40 – SUICÍDIO, TUDO O QUE VOCÊ PRECISA SABER 2006

Noções da Doutrina Espírita sobre a problemática
do suicídio.

Editora: CEAC

41 – RINDO E REFLETINDO COM CHICO XAVIER 2006

Volume II

Reflexões em torno de frases e episódios bem-humorados
do grande médium.

Editora: CEAC

42 – TRINTA SEGUNDOS 2007

Temas de atualidade em breves diálogos.

Editora: CEAC

43 – RINDO E REFLETINDO COM A HISTÓRIA 2007
Reflexões em torno da personalidade de figuras
ilustres e acontecimentos importantes da História.
Editora: CEAC

44 – O CLAMOR DAS ALMAS 2007
Histórias e dissertações doutrinárias.
Editora: CEAC

45 – MUDANÇA DE RUMO 2008
Romance.
Editora: CEAC

46 – DÚVIDAS E IMPERTINÊNCIAS 2008
Perguntas e respostas.
Editora: CEAC

47 – BEM-AVENTURADOS OS AFLITOS 2009
Comentários sobre o capítulo V
de O Evangelho segundo o Espiritismo.
Editora: CEAC

48 – POR UMA VIDA MELHOR 2009
Regras de bem viver e orientação
aos Centros Espíritas.
Editora: CEAC

49 – AMOR, SEMPRE AMOR! 2010
Variações sobre o amor, a partir de *O Evangelho*
segundo o Espiritismo.
Editora: CEAC

50 – O PLANO B   2010

Romance.

Editora: CEAC

51 – BOAS IDEIAS   2011

Antologia de 50 obras do autor.

Editora: CEAC

52 – A SAÚDE DA ALMA   2011

Histórias e reflexões em favor do bem-estar.

Editora: CEAC

53 – O RESGATE DE UMA ALMA   2012

Romance.

Editora: CEAC

PLANO B
Richard Simonetti

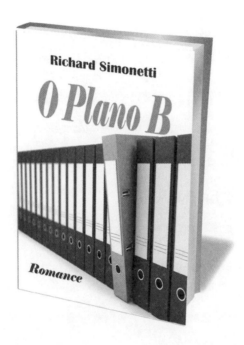

Perdem a existência as pessoas que deixam de cumprir projetos elaborados ao reencarnar, relacionados com família, profissão, casamento, filhos, religião...?

Observada a Justiça Divina sim, mas a Divina Misericórdia está sempre presente, oferecendo projetos alternativos.

É o que o leitor verá na encantadora história contada neste romance.

Mudança de rumo
Richard Simonetti

"*Mudança de rumo*", instigante romance, relata a edificante experiência de um homem que superou seus desvios de comportamento, ajustando-se aos valores do Bem, a partir de dramática EQM, a experiência de quase-morte.

Raros leitores deixarão de ver nestas páginas algo de si mesmos.

O VASO DE PORCELANA
Richard Simonetti

Impossível superar as marcas de uma decepção nos domínios do sentimento, assim como é impossível reconstituir em plenitude um vaso quebrado. Ficam marcas indeléveis!

Não é o que pensa o personagem principal desta história.

Uma história edificante que mudará muitas vidas!

Impressão e Acabamento:
www.graficaviena.com.br
Santa Cruz do Rio Pardo - SP